中国に立ち向かう日本、つき従う韓国

鈴置高史
Suzuoki Takabumi

日経BP社

プロローグ――中国の空母が済州島に寄港する日

中国の空母が韓国・済州島に寄港する日が来る――。こう言ったら、日本人はどう思うだろうか。日本は沖縄県・尖閣諸島を巡り中国と鍔迫り合いを演じている。「仮想敵国の機動部隊が九州の目と鼻の先を根拠地にするなんて、いくらなんでもまずい」と考える人がほとんどだろう。

あり得ない話ではない。韓国は２０１２年、済州島で大型の軍港の建設に着手した。そして朝鮮半島専門家の間では「軍港が完成すれば、韓国は米国だけでなく中国の空母も受け入れる」と見る人が増える。米国の忠実な同盟国であった韓国が、その懐を離れ中国にすり寄り始めたからだ。

「離米従中」は２０１２年に表面化した。韓国は、軍事機密の円滑な交換を約束する軍事協定を日本と結ぶはずだった。だが、署名当日になって拒否した。米国から結ぶよう強く求められていたのだが、中国に恫喝され最後の段階で怯んだのだ。中国は、日韓軍事協定が米日韓３国軍事同盟を生みかねないと強く警戒している。

それだけではない。何と韓国は中国に対し軍事協定の締結を申し込んだ。日増しに大きく強く、そして傲慢になる恐ろしい隣国の歓心を買おうとしたのだ。だが、結べば米国が韓国に与えた機密情報が中国に筒抜けになるかもしれない。米国は警戒し日本に対しても、韓国に機密を渡すなとクギを刺す。

韓国は金融の命綱も中国に託した。李明博《イ・ミョンバク》大統領の竹島上陸と「日王（天皇）への謝罪要求」により日韓関係が極度に悪化。韓国は持病の外貨繰りの不安が増す中、その融通を日本に頼めなくなった。

そこで中国との通貨スワップを事実上延長してもらい、代わりに人民元の国際化に協力することを決めた。ドル体制を揺さぶる中国。そのお先棒を同盟国の韓国が担ぐとは、米国も心穏やかではないだろう。

安全保障と金融という国の2つの要で始まった韓国の「離米従中」。韓国メディアはもはやそれを隠さない。米中等距離外交の勧めが保守系紙に載る。「中国を甲とし、韓国を乙とする関係」との表現で「属国回帰もやむなし」との意見も紙面に登場した。

米国や日本の安全保障の専門家の間では「米韓同盟はどんなに長くもっても、あと20年。早ければ2010年代半ばに解消される」との予測が今や多数説だ。

韓国の「離米従中」が始まったことに気づく人は日本では少なかった。日本自身は膨張する中国に警戒感を強め、米国との同盟強化に動いてきた。このため、隣国が正反対の方向に進んでいるとは思いもよらなかったのだ。

２０１３年１月、韓国は、靖国神社放火犯の疑いのある中国人を中国に送り返した。日韓間の条約をもとに引き渡しを求めた日本政府の要請を無視した。形式的には日本に引き渡すか否かの裁判は開いたが、中国の圧力に韓国が屈したことは明らかだった。ここに至って普通の日本人も「韓国が中国の属国に戻った」と実感した。

２０１３年２月に朴槿恵《パク・クンヘ》政権が出帆した。彼女は反共主義者、故・朴正煕《パク・チョンヒ》大統領の娘だ。それゆえ「離米従中」に歯止めがかかると期待する向きもある。だが、その見方はあまりにナイーヴだ。

同年１月、北朝鮮は核実験の実施を強く示唆した。もし、北が核保有国になれば韓国の安全は大きく損なわれる。彼女は大統領に就任する前から中国に接近し、その力を借りて北朝鮮の核実験を抑えようとした。中国も韓国の希望に応えるそぶりを見せながら「中米間での等距離外交」を韓国に求めた。

もし、中国の力で北の核を抑えられたら、韓国人は米国ではなく中国との同盟が頼りになると思うだろう。中国は米国に代わってアジアの警察官の地位を占めるかもしれない。

そもそも韓国は、大統領の性向や国民の好き嫌いで国の針路を決められる国力と地政学的位置を持たない。指導者と国民の双方によほどの覚悟がない限り、強大化する隣の超大国に手繰り寄せられる。彼女の前任者の李明博大統領も親米派として有名だった。だが、中国からの威嚇が強まるとスルリと「離米従中」に転じた。

「中国の空母が済州島の軍港にいずれ入る」と安保専門家が懸念を抱いたのは、韓国の左派が「米空母の寄港により中国との関係が悪化する」と基地建設に反対した時だ。これに対し李明博政権の国防相は「中国の船も入るので、その心配はない」と答えたのである。

中国に取り込まれるのは韓国だけではない。東南アジアではカンボジアなどが「従中国家」に変身した。米国は中国の勢力圏拡大を横目で眺めながらも、アフガニスタンや中東の紛争に足をとられ、手を拱いていた。

しかし２０１１年11月、ついに米国は「アジア回帰」を宣言。遅ればせながらベトナム、フィリピン、日本などをまとめ中国包囲網づくりに本腰を入れた。

尖閣諸島に対する中国の執拗な領土欲と、在中日本企業や日本人に対する激しい暴力の繰り返しに悩まされる日本。米国の「アジア回帰」に力を得て、ようやく中国に本気で対抗する覚悟を固めた。中国と領有権を争うベトナムやフィリピン、マレーシアに巡視船を供与するなど、包囲網にも積極的に参加する。

米国から人権無視国家と突き放されていたミャンマーは、中国にすっかり取り込まれたかに見えた。だが、２０１１年の民主化を機に米国と劇的な関係改善を遂げた。中国の目を盗んで両国は密かに「虎口からの脱出」に向け交渉していたのだ。

米中がアジアで始めた陣取り合戦。19世紀後半から20世紀初めに、英国とロシアが国運をかけて繰り広げた「グレートゲーム」に似る。

日本が朝鮮半島を支配する契機となった日露戦争も、その英ロのゲームの一部だった。英国は、南下するロシアから中国の利権を守ろうと、日本をしてロシアと戦わせた。

米中の「新グレートゲーム」で再び朝鮮半島が揺れる。韓国を米国から引きはがそうとする中国の恫喝が成功し始めた。だが、お返しに米国が北朝鮮を「取りに行く」気配もある。

中国は北朝鮮を完全に我がものとしたかに見える。経済難に陥った北朝鮮はほとんどの食糧とエネルギーの輸入を中国に頼る。北朝鮮は核実験や弾道ミサイル実験を繰り返し、米国に対し挑戦的な姿勢も打ち出す。

しかし、2011年末に3代目の独裁者に就任した金正恩《キム・ジョンウン》第一書記は自身のパーティーにミッキーマウスの着ぐるみを登場させ、その画像を公開した。中国は、北朝鮮が米国に秋波を送っていると疑った。2013年1月、北朝鮮は核実験を予告しつつ、暗に米国に2国間対話を呼びかけた。北が米国との関係改善を求めているのは確かだ。

米国も2012年に2度にわたって情報機関の高官を乗せた航空機を密かに北朝鮮に送りこんだと報じられた。ミャンマーに続き、北朝鮮との関係も一気に改善し「従中国家」の看板を下ろさせるつもりかもしれない。

韓国の「離米従中」に予兆はあった。私の体験から言えば、2006年に韓国の友人から「我が国は属国だったのだ。日本とは異なり、中国との戦争で勝ったこともない。従うしかないのだ」と淡々と告白されたことだ。

その後、他の友人からも相次いで「属国発言」が飛び出すようになった。日韓併合という歴史的事実さえなかったことにしたがる韓国人が、中国の宗属国だったことに言及したうえ、従うしかないと言い出すとは……。

唐、元、清、ロシア。大陸の超大国の力が朝鮮半島南部に及んだ時、日本はそれに抗し戦争に突入した。今回もそうなるかは分からない。しかし、少なくとも何らかの形で日本の安全保障が揺らぐのは間違いない。

私は一刻も早くこの重大な変化を書かねばならぬと思った。ただ、ノンフィクションで書こうにも説得力に乏しい。証明するに足るファクトは、韓国の友人たちとの私的な会話しかなかったからだ。

そこで近未来小説を書いた。『朝鮮半島201Z年』(日本経済新聞出版社、2010年)である。日韓関係の悪化により日本からも米国からも金融支援を受けられなくなった韓国が通貨危機に陥る。韓国は中国に助けられ、それを契機に軍事的な米国離れも始まる……という粗筋だ。

今からすれば、不気味にも「言い当ててしまった」部分が多い。ただ、出版当時は「奇想天外な妄想小説」と受け取った人がほとんどだった。韓国は米国の永遠の同盟国である、との刷りこみが強かったためだろう。

2012年1月から日経ビジネスオンラインで「早読み　深読み　朝鮮半島」というタ

イトルの連載を始めた。初めのうちは「離米従中」の確たるファクトに乏しく、しかし韓国の新聞論調は相当に変化していたので、それを証拠に書いた。

同年夏から急速に現実が小説を追いかけてきた。『朝鮮半島201Z年』を、もう一度なぞるような奇妙な感覚で韓国の従中ぶりを記事にした。

読んでくれた知り合いの1人は「韓国って『ゲゲゲの鬼太郎』に出てくる『ねずみ男』のような国なのですね」と言った。確かに、米国たる目玉親父や、日本たる鬼太郎の側にいるようで、肝心な時は妖怪側――中国に付くのが「ねずみ男」だ。

韓国がはっきりと「ねずみ男」化した2012年夏以降「早読み　深読み　朝鮮半島」の読者も急増した。そこで同年1年間に連載した記事に加筆修正し、出版することにした。日経ビジネスオンラインの池上彰氏のコラム「学問のススメ」で対談の機会を得たので、同氏から快諾をいただき加えた。それがこの本だ。

日本は今、韓国を注視する必要がある。中国を極度に恐れ、敏感に動く韓国を通じてこそ中国やアジアの先行き、あるいは「新グレートゲーム」の帰趨を見通すことができるからだ。

鬼太郎はねずみ男の言動が怪しくなった時、妖怪がこっそりと近寄ってくるのを感得する。韓国を観察するのはそれと似ている。

中国に立ち向かう日本、つき従う韓国　目次

目　次

第3章 「米国」と離れる「韓国」の勝算

注：2012年1月から2013年1月に日経ビジネスオンラインで連載された「早読み 深読み 朝鮮半島」、2012年5月に連載された『池上彰の「学問のススメ」』を基に加筆修正しました。肩書きは掲載当時。

第1章

「中国」ににじり寄る「韓国」の本音

韓国のテレビドラマ「宮廷女官チャングムの誓い」にこんなエピソードがある。朝鮮朝（李氏朝鮮）が世継ぎを内定した。しかし、宗主国である明の皇帝の使者がそれを認めてくれない。

そこで、使者が糖尿病であることを見てとったチャングムが、野菜料理を供して病を癒す。喜んだ使者は懸案の世継ぎを認めてくれた。めでたし、めでたし……。

韓国をあまり知らない普通の日本人は、このドラマを見て強い違和感を抱く。まず、朝鮮朝が王様を自分では決められないこと。そして明の使者がとても横暴なのに、朝鮮朝の人々は怒るわけでもなく、ただ、ひたすらに歓心を買うのに心を砕くことだ。

韓国人も中国が好きというわけではない。だが、横暴な中国に支配されることに「慣れている」のだ。今もそうだ。ソウルの街で反日・反米デモは時々起こるが、反中デモはまず起きない。韓国の知識人に理由を問うと、多くが「中国に逆らうものではありません」と答える。

日本人には意味が分からない。そこで、質問を重ねて韓国人の対中感情を分解し、因数が2つあることに気づく。「日本や米国には少々無茶をやっても大丈夫だけど、中国はどんな報復をしてくるか分からない」という恐怖感。もう1つは「中国には絶対に敵わない」という上下意識である。

長い間の冊封体制——宗主国と相属国の関係——が作り上げた独特の感覚だ。後者は日本の「アメリカさんには敵わない」という感情にも似るが、程度において桁違いに深い。

だから、現在も中国が強くなるほどに韓国は中国にすり寄る。一方、島国で中国との付き合いが薄かった日本は、慣れぬ「横暴な中国」にあわててファイティングポーズをとる。日本海を隔てるだけの日本と韓国だが、中国に向き合う姿勢は根本的に異なる。

日本人はなかなかこの違いを理解できない。だから、中国の意を迎えようと必死の韓国人に向かって、大声で「一緒になって中国を封じ込めよう」などと呼びかけ、彼らを困惑させるのだ。

第1章では日本人の理解の外にある、中国と韓国の間の微妙な関係を掘り下げる。

「中国に屈従か、核武装か」と韓国紙は問うた

韓国の最有力紙が驚くべき社説を載せた。「中国を頼るか、日本と結ぶか、あるいは核武装するか、国の針路を定めよう」と国民に呼びかけたのだ。「米国の衰退により核の傘を期待できなくなる」と悲壮な覚悟を固めたうえでの問いかけだ。

この社説は朝鮮日報の2012年2月11日付「『中国を頼るか、日本と手を結ぶか』を問う米国と韓国政治」だ。同紙は韓国で最大部数を誇る保守系紙である。

「核の傘」が社説のテーマに選ばれたのは米大統領の国家安全保障担当補佐官を務めたブレジンスキー氏が、その頃、著書を出版したのがきっかけだ(1)。この社説は同書の以下の部分を引用したうえで、韓国人に今、国の針路を決めねばならないと訴えた。

「米国の衰退は韓国に苦渋の選択を迫る。中国による東アジアの覇権を受け入れ、中国に

さらに接近するか、歴史的な反感にもかかわらず、日本との関係をさらに強化するかの選択だ」

「日本や韓国は米国の核の傘を期待できなくなる。日韓両国は新たな核の傘を求めるか、自前の核武装を迫られる」

この社説を日本人が読んだら、ほとんどの人が「韓国人は何を焦っているのだろう」と違和感を抱くに違いない。普通の日本人は「米国の比較優位が衰え、中国が台頭しているのは現実であるにしろ、米国の核の傘が消えることは当面ない」と信じているからだ。「オバマ大統領は2011年11月、豪州での『アジア重視』演説を通じて中国の膨張を抑える決意を表明したではないか」と反論する人も多いだろう。

ただ、それは平和ボケした日本人の呑気すぎる発想かもしれない。「予算の徹底的な削減を目指し米国が兵力を相当数減らす以上、『アジア重視』は絵に描いた餅に終わる」、あるいは「重要なアジアでもいずれ抑止力を減らさざるを得ないからこそ、口先で『アジア重視』とブラフをかけた」という意見も安全保障専門家の間にはある。

また、「『アジア重視』と言っても対象は南シナ海とインド洋。むしろ、中国の中距離ミサイルの射程に入っている北東アジアから米国は駐屯軍を減じるだろう。在沖縄の海兵隊のグアム移転がいい証拠だ」と考える専門家もいる。

呑気すぎる日本人とは対照的にあまりに悲観的な韓国人――。もちろん、韓国側にも特有の背景がある。まず、地政学的要因だ。

ありがた迷惑な米の「アジア重視」

先の社説はブレジンスキー氏が「米中の覇権交代時期を20年後と見ている」と紹介したうえで、「中国と陸地や海でつながっている韓国は、5年後、10年後には巨大化した中国の圧力を、軍事を含めあらゆる面で感じることになる」と予想した。

すでに、韓国近海では中国の大漁船団が白昼堂々と不法操業している。拿捕に向かう韓国の海上警察の警備艇は大船団に囲まれ威嚇される毎日で、2人の海上警察官が中国の漁民に殺された。何とか漁民を逮捕しても、「中国人に手を出すとは生意気だ」とばかりに在北京韓国大使館が空気銃で撃たれる。韓国人はもう身近で「覇権交代」を実感しているのだ。

2つ目は歴史だ。1950年1月、アチソン国務長官は「米国が責任を持つ防衛ラインはフィリピン―沖縄―日本―アリューシャン列島である」と演説した。米国は太平洋の島嶼だけを防衛するのだと北朝鮮は判断、南侵を開始した。それが3年間も続いた内戦――朝鮮戦争である。韓国人は米国に見捨てられたと嘆いた。今も「いざとなれば米国は容易に韓国を裏切る」と信じる人が多い。

3番目は、中国の急速な台頭により米韓同盟の矛盾が表面化したことだ。韓国の主要敵は北朝鮮である。冷戦時代は中国も敵国だったが、1992年の国交正常化以降、あらゆる面で関係を深め今や最大の貿易相手国になった。北朝鮮への圧倒的な影響力も考えれば、中国はもう敵に回せない。

だのに、米国は中国との対決姿勢を強める。もし米中が黄海で軍事的に衝突したら、韓国はどう振る舞えばいいのだろう。中国から「在韓米軍基地を使わせるな」と強力な圧力がかかるのは確実だ。多くのアジア人が歓迎したオバマ大統領の「アジア重視」も、米中対決の度を増す材料である以上、韓国にとっては「ありがた迷惑」な話だ。

それではこの社説は、韓国はどの道を進むべきと主張しているのか。

「日本と手を結ぶ」に関しては、ブレジンスキー氏の「米国の強い支援がない場合、日本が中国に対抗できるかは疑わしい」との意見を引用し、現実的な選択ではないと示唆した。「中国を頼る」とは「中国の覇権的国際秩序の中で付属品のように屈従し延命すること」と表現する一方、「自前の核武装」に関しては何の意味付けも示されなかった。

社説の見出しは「中国か日本か」だったが、事実上、示した選択肢は「中国の核の傘に入るか、核武装による自主防衛か」である。そして、中国の傘下に入ることについては強い嫌悪感を表明していることから、「進むべきは核武装」と読みとった人が多いことだろう。ズバリ「核を」と書かなかったのは、韓国が北朝鮮に核開発中止を要求する名分を失うからと思われる。

北朝鮮が２００８年に核実験した際に韓国では核武装論が小さな声で語られた。だが、当時は社説に取り上げられることはなかった。多くの韓国人はその頃までは米国の核の傘の存在を信じていたからだ。

この社説は韓国人に強いインパクトを与えた。韓国は総じて中国に傾く。しかし、親米派も未だ残る。このため「中国と米国のどちらを頼るか」を巡り、国論の分裂が始まっているからだ。

地に落ちた米韓同盟の値打ち

例えば、２０１2年2月、最大野党で左派の民主統合党は党代表を先頭に駐韓米国大使館に押しかけ、「政権をとったら米韓自由貿易協定（ＦＴＡ）を破棄する」とオバマ大統領あての正式な文書を突きつけた。

「不平等条約である」というのが理由だが、このＦＴＡは同党が政権党だった２００７年に「米韓同盟強化」をうたいあげ、一部の反対を押し切って結んだ協定だ。米国政府もさぞ驚いたことだろう。この5年間で韓国における米韓同盟の値打ちはすっかり落ちた。

同党は4月の国会議員選挙、12月の大統領選挙を前に、さらなる追い風を巻き起こそうと、米韓ＦＴＡをテコに反米感情を掻き立て、票を集める作戦に出たのだ。２００2年の大統領選挙でも左派は「反米作戦」を見事に成功させている。

韓国の左派すべてが親中派というわけではない。ただ、反米色を強めるほどに反射的に中国に身を寄せることになる。事実、「反米を言いつのる左派系新聞は中国漁船の不法操業問題をほとんど報じなくなった」（韓国の保守派）。「左派は北朝鮮の弱体化を見越して、後援者を北京に取り換えようとしている」と見る人もいる。

一方、中韓ＦＴＡに目を転じると、韓国は中国に押し切られ、２０１２年1月に政府間交渉を始めることを受け入れた。中国と近くなり過ぎることを恐れた李明博政権は、農産物の関税や投資協定などでハードルを上げ、妥結までの時間を稼ぐ作戦を取った。だが、ＦＴＡを政治的な武器に使いたい中国は、韓国をさらに脅し、あるいは懐柔して強引に発効に持ち込む可能性が高い。

２０１２年12月の大統領選挙では保守、セヌリ党の朴槿恵候補がかろうじて勝った。同盟国の米国とのＦＴＡを破棄する半面、中国とは結ぶという奇妙な事態を韓国は避けることができた。ただ、左派は根強い支持を誇る。朴槿恵政権が少しでも舵取りを誤れば、反米ムードが再び盛り上がるだろう。

それは経済に留まらず、政治的にも軍事的にも米国から離れ「中国に屈従する」第一歩となるかもしれない。もちろん、親米系の一部の保守派は強い危機感を抱いている。彼らは国民に、「米国の力は決して衰えない」と力説し、精神的な雪崩現象を食い止めようと必死だ。

左右対立は「クーデター論争」も呼んだ。在野の保守運動指導者、趙甲済《チョ・カプチェ》元月刊朝鮮編集長はブログでこう書いた。

「(大統領)選挙で北朝鮮に従う左派が勝ち、国軍を指揮しようとすれば、国軍は黙っていない。内戦的構図が生じる」(2012年1月30日付)。

左派のハンギョレ新聞は直ちに反撃した。「趙甲済氏は野党が政権をとればクーデターが起きると主張している。内乱扇動罪で逮捕すべきだ」(ネット版、同日付)。ちなみに、韓国では1961年と1979年の2度にわたって「左傾化阻止」などを名分とした軍事クーデターが敢行され、成功している。

韓国の政治状況は「清を頼るか、ロシアか、日本か」を巡って激しい党派抗争に陥り、結局は日本に併呑された19世紀末や、「米国か、ソ連か」の選択で妥協できず、南北に分裂した第二次世界大戦直後に似てきた。

朝鮮半島の内部抗争は周辺大国の勢力均衡が崩れる時に起きる。異なる大国を後ろ盾に各党派が「どの国と結べば侵略を防げるか」を言い争うからにほかならない。「分裂を防ぐためにも大国に抗する軍事力を持とう」と考える人が出るのも当然だ。朝鮮日報の社説に垣間見られるように韓国で核武装論が頭をもたげてきたのも不思議ではない。

(1):ブレジンスキー氏の近著の書名は以下の通り。"Strategic Vision: America and the Crisis of Global Power"

第1章

2 中国から〝体育館の裏〟に呼び出された韓国

韓国もホントは嫌な中国とのFTA

中国と韓国がFTA（自由貿易協定）交渉を正式に開始した。日本のメディアは「日本外し」と危機感を募らせる。だが、意外にも韓国の表情はさえない。

中国と韓国は2012年5月2日、FTA締結に向けた交渉開始を宣言した。一方、日本は日韓FTA交渉開始のめども立たず、日中韓FTAに関しても年内交渉開始の合意を5月13日にかろうじて取り付けただけだ。一部の日本メディアは「日本の出遅れ」を強く批判した。

5月3日付の韓国の中央日報はすかさず引用し、「『日本はまた蚊帳の外』と日本経済新聞は報じた。韓国に後れをとることになった日本の心情を表した」と報じた。〝日本の凋落〟という話が大好きな韓国メディアだから、こんな記事が載るのも別段、不思議ではない。

興味深いのは「日本の失態」程度の記事で収まり、韓国が米国やEUとFTA交渉を開始した時のように、「国際化でも日本に勝った！」式の大合唱が起きなかったことだ。実は、韓国人も中韓ＦＴＡを手放しで歓迎していないのだ。

中央日報は同じ日の社説で、中韓ＦＴＡに関し「ほかのＦＴＡと比べ国内への影響が比較にならないほど大きい。より慎重なアプローチが必要だ」「（李明博）現政権は任期内に仕上げようと欲張らず、最終交渉は次の政権に任せるべきだ」と「慎重」「先送り」を執拗に訴えた。韓国は何を恐れているのだろうか。なぜか、この社説は明確には触れていない。

通常、中韓ＦＴＡの問題として指摘されるのが農産物だ。韓国はニンニクや白菜など韓国人にとって主要な農産物を中国からも輸入している。また、キムチなど農産加工品も同様だ。中韓間の価格差は大きく、ＦＴＡで関税がなくなれば韓国の農家は「米国やＥＵとのＦＴＡではあり得なかった」壊滅的な打撃を受けるという。

もっとも、日本の通商専門家は農産物は大問題にならないと見る。中国は、韓国が気にする農産物は「敏感品目」に認定することを受け入れ、韓国がこれまで中国産にかけてきた税率の維持を認める可能性が高いからだ。

中国がＦＴＡを結ぶのは自国産業の発展という経済的目的よりも、相手国との関係深化という政治的動機が強い。熱帯農産物の対中輸出を増やしたい東南アジアに対して譲歩し、自国の関税率を落として一気にＦＴＡを妥結に持ち込んだこともある。

当時の李明博政権も「交渉ではまず、コメを含め敏感品目について話し合う。ここで妥結して初めて次の段階に進む」と表明していた。相当程度の範囲の農産物を敏感品目に指定するとの合意が両国間でできている模様だ。

であるならば、韓国は何を恐れるのだろう。韓国では言及されたことはあまりないが、中韓FTAによって自動車や携帯電話端末など韓国の得意な工業製品が中国から大量に流入する可能性がある。中韓両国の間で関税が低くなれば、既に中国に工場を持つ世界のメーカーは、韓国市場を狙う際に韓国に製造拠点を持とうとせず、中国工場から撃ち込もうと考えるからだ。

その証拠に、2012年5月18日付の朝鮮日報は、「トヨタ自動車は米国製に続き、中国製も韓国市場に投入する計画だ。米韓FTAに続いていずれ成立する中韓FTAを踏まえた措置だ」と報じた。トヨタ自動車は韓国には工場を持っていない。

中韓FTAを契機に韓国企業の中国シフトが加速する可能性もある。

「対中依存度を下げよう」

少子高齢化に伴う韓国の財政悪化は急だ。いずれ法人税率引き上げが必至となる。貧富格差の拡大が大きな社会問題となっており、低下し続ける労働分配率の改善が叫ばれ始めた。租税以外の面でも企業の負担が増しそうだ。日本の半額以下とされる電力料金も、韓国電力の赤字を解消するため引き上げられ始めた。そもそも電力不足から工場は節電を迫られている。

韓国は「工場が住みやすい場」ではなくなりつつある。サムスン電子の携帯電話端末やスマートフォンの世界シェアはしり上がりなのに、同社が工場を世界に移しているため、それらの輸出は減る一方になっている。

ただ、産業専門家はともかく、通商交渉担当者の世界で「空洞化」が中韓ＦＴＡへの大きな懸念材料となっているわけではない。多くの韓国人は中国製品を極端に低く評価しているためだ。それでは、中韓ＦＴＡを問題視する本当の理由は何なのだろうか。

２０１２年1月に中韓首脳がＦＴＡ交渉開始で合意した際、韓国紙にチラリと本音がのぞいた。

「中国とのＦＴＡに我が国が消極的だったのは『毎年平均20％も対中貿易が増える中、わざわざＦＴＡを結んで対中依存度を加速する必要があるのか』という論理も働いていた」（朝鮮日報1月10日付社説）。ここで指摘されている「しり上がりの対中依存度」こそが、韓国の恐怖の源なのだ。

確かに、韓国の対中依存度は高い。韓国の中国（香港を含む）への輸出額は全体の約30％。日本の25％と比べ少し高い程度だ。ただ、韓国経済は輸出に頼る度合いが極端に大きい。ＧＤＰ（国内総生産）に対する輸出比率は50％を超えている。日本の15％前後と比べものにならないほど高い。対中輸出が韓国経済の死命を制する。

なぜ、対中依存度が上がるとまずいのか。それは中国が外交交渉の武器として経済を平気で利用する国だからだ。2010年の「尖閣事件」の際に中国はレアアースの対日輸出を止めた。2012年の「尖閣事件」では在中の日本企業と日本人が襲われた。

中韓FTAの交渉入りが決まった後、韓国メディアには「対中依存度を下げよう」という記事が散見されるようになった。最も親中的とされる中央日報も2012年4月5日、そのままズバリの「中国への依存度を下げよう」という見出しのコラムを載せた。

要旨は「北朝鮮からの脱北者やEEZ(排他的経済水域)問題など、中国との間で政治的摩擦が増える一方だ。中国は

韓国の輸出相手国ランキング(2011年)
出所:韓国貿易協会

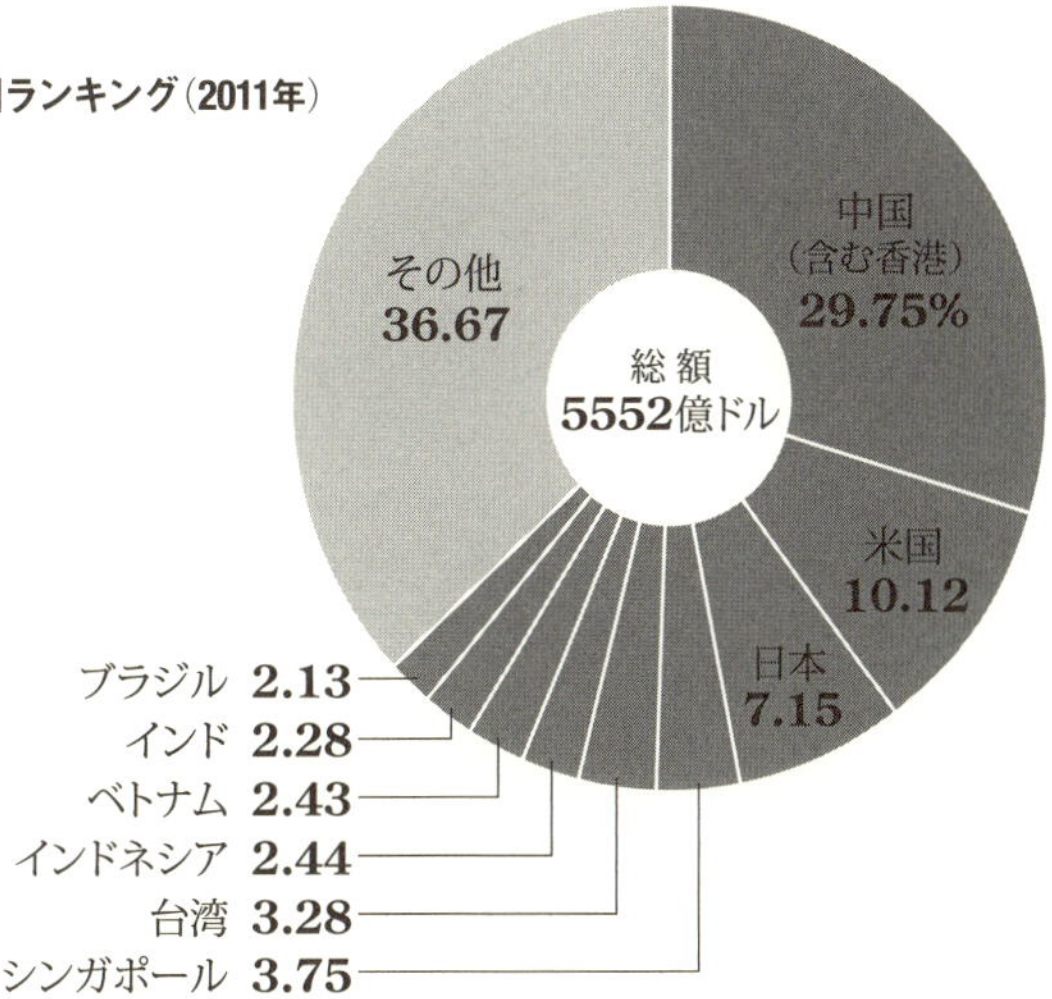

経済を武器に紛争を解決する国だ。中国に容易に屈したくないなら、対中依存度を下げるしかない」である。ただ、いくらメディアが訴えても、歴史的に因縁が深く、地理的にもすぐ隣の超大国の引力圏を脱するのは難しい。

それでは、韓国はなぜ、中韓ＦＴＡを拒絶しなかったのだろうか。中国市場でライバルとなる日本は、米国の顔色を窺って日中の間のＦＴＡには消極的だった。その意味では韓国は交渉入りを急ぐ必要は全くなかった。答えを明かせば、韓国は日ごとに大きくなる中国という存在に抗しきれなくなったのだ。

四方から韓国を締め上げる中国の投網

２０１２年1月に「正式交渉入り」を強引に受諾させられた際、匿名の韓国政府高官の談話がメディアに一斉に載った。「金正日《キム・ジョンイル》死亡後の不安定な情勢に加え、頻発する中国漁船の不法操業問題を考えると、中国の協力を引き出すにはＦＴＡ交渉を開始せざるを得ない」。韓国の役人は日本の役人にも同じ〝言い訳〟をしているという。

「北朝鮮と漁民」は韓国人が持つ中国への恐怖感を象徴する。「金正日という強力な指導者を失った北朝鮮は中国の支配下に置かれ、混乱が起きれば人民解放軍が駐屯するだろう」と多くの韓国人は信じている。朝鮮戦争で米軍も勝てなかった中国軍と直接対峙する――。韓国人にとってこれ以上の悪夢はない。

韓国の東と西の領海には、３０００隻もの中国漁船がやってきて、多くが不法操業している。彼らは取り締まりにあたる韓国の海洋警察官を平気で殺傷する。その不法漁民を中国政府は一切取り締まらない。韓国人にしてみれば中国にかけられた投網が、北から西から東からジワリジワリと締まってくる感じだ。中国はその圧迫感を使って韓国をＦＴＡに引き込んだのだ。

だが、ＦＴＡにかけた韓国人のささやかな期待もすぐに裏切られた。中国の望み通りに正式交渉を受け入れたものの、中国政府が不法漁民を取り締まるわけでもない。それどころか、韓国とのＥＥＺ紛争に関連し、軍事力の行使をちらつかせるようになった。

２０１２年５月の日中韓首脳会談で韓国は共同声明に北朝鮮の核問題を盛り込むよう強力に主張、最後は「入らなければ共同声明に署名しない」とまで言い切った。ところが、中国は韓国の必死の訴えに馬耳東風。韓国は泣く泣く署名した。経済的に依存度の高い中国からの要求は拒めず、それを受け入れればさらに依存度が増す……。韓国にとっては悪夢のような悪循環だ。

２０１２年に発効した米国とのＦＴＡをもってして、米中間での立ち位置を調整できると言う韓国人もいる。だが、形式的にはともかく実質的には韓国はどんどん中国に傾斜していくであろう。韓国が成長を望む限り、伸び続ける中国への輸出を増やすことになる。その結果、政治的関係も深まらざるを得ない。

一方、米国にそんな経済的引力はもうない。そのうえ、韓国内には米韓FTAに強力に反対する勢力があり、FTAこそが米韓関係を悪化させる要因になりかねない。FTAが加速する中韓の接近は、米韓同盟にもヒビを入れていくだろう。

もちろん、程度や状況の差はあれ、韓国の進む道は日本がたどる道だ。中国の戦略はまず、韓国を自分の経済圏に引き入れ、それをテコに、中国市場での競争条件悪化を恐れる日本を引き込むことだ。実際、日本は日中韓FTAを〝熱望〟するなど中国のシナリオ通りに動き始めた。

中韓FTAについて聞くために韓国の経済専門家と会った。彼から率直な打ち明け話を聞くうちに、学校の廊下で〝怖い人〟から胸倉をつかまれて『放課後に体育館の裏に来い』と言われた高校生を思い出した。「行くと答えなければ今ここで苛められそうだし、行けば行ったで怖い目に遭いそうだし……」といった感じである。

もちろん、中国は韓国から「定期入れの中の虎の子の千円札」を直ちには取り上げない。逆に、飴玉か煙草の1本もくれるだろう。「俺の〝組〟に移ってこい。分かったな」と言いながら。

こんな想像をしていると経済専門家から突然、聞かれた。「日本の新聞には『中韓FTAで日本は外された、出遅れた』なんて記事がよく載ります。あれは本気で書いているのですか？」。

確かに、通商交渉がないと失業する役人の言い分をそのまま字にしたような記事もある。体育館の裏に呼び出され青ざめた高校生にすれば、〝怖い人〟から脅されてもいないのに、「なんでオレはあの組に参加できないのかな。まずいなー」と言う日本人が奇妙に映るのだろう。答えあぐねていると、彼の次の言葉が降ってきた。「日本人は呑気でいいですねえ」。

3

「日本と軍事協定を結ぶな」と中国に脅された韓国

朝鮮半島で米中の〝激突〟が始まった

「日本と軍事協定を結ぶな」と中国が韓国を脅す。だが、この協定は米国の強い意向を受けたものだ。果たして米中どちらの言うことを聞くべきか――韓国は板挟みになった。

中国が韓国に結ぶなと要求した協定は日韓軍事情報包括保護協定（ＧＳＯＭＩＡ、通称「情報保護協定」）だ。

日韓両国政府の公式見解は、「この協定で第三国への情報の流出に歯止めをかける。それにより両国間の安全保障に関する情報交流を増やす」。両当局ともに「交換するのは主に、3代目が継いで不安定化する北朝鮮の情報」と説明した。

韓国人の反米感情をかきたてることを恐れてだろう、米韓両国政府は「米国主導」を否定する。だが、韓国各紙は「数年前から米国はこの軍事協定を結ぶよう強く求めていた。最終的には２０１２年6月にワシントンで開いた外務・国防閣僚会合（２プラス２）で米国が韓国に受け入れさせた」（朝鮮日報２０１２年6月29日付）と報じている。

日本の安全保障専門家も、「膨張志向を露わにする中国に備え、『米日韓』３国で〃陣構え〃を整えるのが目的」と解説するなど米国主導をはっきりと認めている。ただ「当面はあくまで〃構え〃に過ぎず、情報交流が急増することはない」と見る。

別の専門家も、「米国や日本から得た軍事情報を韓国軍は中国人民解放軍にこっそり伝えてきた。日米の防衛当局は韓国を信用していない」と指摘したうえで、「この協定を結んだからといって直ちに日本が微妙な情報を韓国に与えることにはならない。米国もそれを望まない」と言う。それでも中国は韓国を脅した。この協定がいずれは「米日韓３国軍事同盟」に昇格しないかと恐れたためだ。

「韓国に影響を及ぼせる手段を中国は数多く持つ。李明博政権による中国に対する非友好的な動きを韓国の内側から止められない場合、中国はそれらの手段を使って自らの立場を明らかにせねばならない」

これは、２０１２年7月3日付環球時報の社説「米日が中国に圧迫を加えるのを韓国は助けるな」の一節だ。「中国への圧迫」とは「対中包囲網」を意味する。「中国に対する非友好的な動き」とは日韓軍事協定を指す。大国が小国に対して力を見せつけ、自分の思い通りに操る際の典型的な恫喝である。

同紙は人民日報の姉妹紙で中国共産党の本音を表明する対外威嚇用メディアでもある。

3日付では第1面全面を使ってこの協定を取り上げ、韓国を徹底的に脅した。1面の見出しは「韓日軍事協定が蜂の巣をつつき、中国を刺激した」である。

この社説は「韓国に影響を及ぼせる手段」について、はっきりとは示さなかった。だが、「韓中貿易は米韓、韓日貿易の合計よりも大きい」と書き、経済面での報復を匂わせた。香港を含む中国への輸出は韓国の総輸出の約30％に達しており、断トツの1位だ。

中国は相手国に言うことをきかせるためなら、大人げない嫌がらせを堂々と行う。2012年の在中日本企業と日本人への襲撃はその典型だ。南シナ海で領有権を争うフィリピンへも、そのバナナの検疫を強化し、輸入を事実上禁止している。中国にとって屁理屈をつけての韓国製品の輸入禁止など朝飯前だろう。

軍事、外交面でも、韓国を圧迫する手段を中国は数多く持っている。ソウルの表玄関でもある黄海で強大化した中国海軍が大演習し威嚇すれば、規模が小さく訓練も不十分な韓国海軍は手も足も出ない。中国が北朝鮮へのコントロールを緩めれば、北の韓国へのテロ攻撃が一気に増えるかもしれない。

興味深いのは、中国が日本に対しては「韓国と軍事協定を結ぶな」と言わないことだ。結果的に日本人を怒らせ、「中国がやめろというなら絶対にやる」との合意が生まれると読んだためと思われる。裏返せば、韓国人は脅せば効果があると考えているのだ。

実際、効果はすぐに出た。当初は日韓軍事協定に賛成し、「感情論を抑え日本と協力しよう」と国民に理解を求めていた韓国の保守系各紙が環球時報の威嚇の後、一斉に否定的トーンに転じた。

「反日」より「恐中」で動く

2012年7月6日付中央日報の社説「軍事大国化を急ぐ日本」を見ると、「日本が集団的自衛権をもって自衛隊を国防軍に再編する可能性が出てきた。原子力基本法の改正で核武装にも道を開いた。日本は軍事大国化を急いでいる。これは韓国にとってもアジア各国にとっても悪夢だ」と主張した。

注目すべきは、この社説が「軍事大国化した日本が中国との対立を激化させ、域内の緊張を高める可能性が高い。両国に挟まれた韓国は安全保障上の負担を増す」と日中対立に言及、そのうえで、「『情報保護協定』騒ぎで見られたように、韓日間の円滑で正常な協力関係は難しくなる」と日韓軍事協定に否定的な姿勢を打ち出したことだ。

同日付の朝鮮日報社説「日本、再解釈で〝平和憲法〟無力化の地ならし」も同じ論理で日本の軍事大国化に警鐘を鳴らした。そして、「我が政府は日本の実情を知らないため情報保護協定を密かに推し進めた。今後、国民は政府の外交・安保政策を監視せねばならない」とこの協定を問題視し始めた。

韓国人が日本の軍事大国化を懸念するのは分からないでもない。だが、それを日韓の情報保護協定の締結に否定的に結び付ける論理は相当に苦しい。

韓国紙の社説をじっくり読むと、「これから軍事大国化しかねない日本」への反発よりも、「既に軍事大国化した中国」への恐怖から「協定棚上げ」に軌道修正し始めた本音が透けて見える。

中国の環球時報が外国を威嚇するような場合、前後してその国の要人――政治家やメディア幹部に対して、中国の密使が「説得」に出向くことが多い。日本の政治家の中にも、中国の〝ご進講〟を受けて立場を急に変える人がいる。日韓軍事協定に関しても中国は韓国に密使を放った可能性がある。

さらに注目されるのが、与党セヌリ党の最高実力者で、当時から次期大統領の呼び声が高かった朴槿恵氏の突然の変心だ。同協定は2012年6月26日の閣議で了承された。6月29日には東京で署名されるはずだった。

ところが、賛成派と見られた彼女が「国会への説明が不十分」という理由を突然に掲げて反対に転じた。その結果、署名1時間前に韓国側がキャンセルするというハプニングを呼び、協定は宙に浮いた。

朴槿恵氏の変心には韓国メディアも首を傾げる。確かに、国民感情を揺らしかねない日本との軍事協定というのに政府による国民への説明は不十分だった。反対しなければ大統領選で彼女自身が〝親日派〟との攻撃を受ける恐れもあった。だが、いずれも前から分かっていた話だ。

環球時報の社説（前掲）も「李明博政権の非友好的な動きを、韓国の内側から止めろ」と呼びかけている。やはり、最有力大統領候補に対して、中国からの〝強い説得〟があったのかもしれない。中国は以下のように語ればよい。

「米国は中国の台頭を抑えようとしています。中国はこれを認めません。いずれ中国と米・日の間で軍事的衝突が起きます。その際、『準』の水準だろうと『米日韓3国同盟』に加わっていれば、中国にもっとも近いあなたの国土や領海が戦場にされるでしょう。それでもいいのですか？」

これに対し韓国は、「しかし、北朝鮮の脅威から守ってくれている米国が、日本との軍事協定を結べと言ってきたのです。断れば守ってくれなくなるかもしれません」と反論するだろう。すると、中国はこう決め球を投げるに違いない。

「北朝鮮の攻撃からは私が守ってあげます。あなたが日韓軍事協定を結ばなければ、北を後ろから羽交い締めにすると約束します。我々の経済援助でかろうじて生き残っている北は、我々の意に反して本格的な戦争はできません。さらに韓国が米国との同盟を打ち切れば、北よりも南を大事にします」

もちろん、これは想像上の会話だ。ただ、今後の韓国を率いる政治家が中国からこう言われたら、よほどの親米派でない限り心が揺らぐはずだ。しかも、環球時報の品のよくない威嚇ではなく、「中国のバックアップ」というアメ付きなのだ。

「韓国の指導者が、安全保障面で米国よりも中国を頼りにするだろうか」と疑問に思う日本人も多いだろう。だが、米韓同盟の本質的な矛盾がついに露呈し始めたことを知れば納得できる。

韓国の主要敵は北朝鮮だ。その暴発を止める役割を、中国に期待する心情が韓国には育った。中国は韓国にとって旧宗主国であり、経済的にはもっとも近い国だ。北に最も影響力のある国でもある。一方の米国は中国を主要敵に確定した。中国を抑え込むためなら北朝鮮とも野合しかねない。

「米韓」が「中朝」を共通の敵としていた冷戦時代はとっくに終わった。今や米国と韓国の、主要敵と潜在的友好国が完全に入れ替わった。もし米中対立が厳しさを増せば、米韓同盟は存続の危機に直面する。

そこに降ってわいた、ややこしい日韓軍事協定。「米国に義理立てして結ぶつもりになったけど、我が国にとってたいして意味のある協定でもない。それが、ひと昔前のように保護してもらうかもしれない強大な隣国から睨まれる材料になるのはかなわない」。中国から脅された後は、ほとんどの韓国人がこう考えるだろう。

もっとも、米国からの圧力も相当なものと思われる。「日本との密室の合意」と与野党から徹底的に批判されても、李明博政権が締結にこだわったことからもそれが窺える。その状況を、韓国はいつもの「反日」を利用して切り抜けようとした。

「反日」を利用して米国の圧力をかわす曲芸

韓国では運よく左派が「反日」を理由に協定締結に反対していた。韓国はこれを利用して、中国に対しては「ご指示通り軍事協定は断りました」と歓心を買った。その一方で、米国に対しては、「ご指示通りに協定を結ぼうとしたのですが、日本のせいでできません。従軍慰安婦問題や独島（竹島）問題で日本が強情なため、我が国の左派が反対するのです」と責任を転嫁した。

協定署名をドタキャンされて驚く日本に対しては、「慰安婦で韓国の要求を受け入れず、軍事大国化を狙うお前が悪い」と居直った。そうすれば、「反省と謝罪が足りないので韓国との関係がうまくいかない」と常に主張する日本のリベラル派がそれをオウム返しにしてくれるだろう。事実、その通りの展開を見せた。

日本では、「また、韓国の『反日ひとり相撲』が始まったな」とあきれ顔の人が多い。確かにそうなのだが、見落としてはいけないこともある。

協定署名を巡るドタバタ騒ぎの直後、韓国各紙に「中国と韓国の軍当局が事実上の物品役務相互提供協定（ＡＣＳＡ）締結を目指して交渉中。結べば米国に続き2番目」（7月3日付）というニュースが小さく報じられた。「日本とのバランスをとるため中国にも申し込んでいる」（朝鮮日報5月21日付）と韓国政府が説明していた軍事協定だ。「日韓」が事実上棚上げとなった中で、「中韓」は交渉が進んでいることが判明した。

ＦＴＡ（自由貿易協定）交渉でも、韓国は日本よりも中国を優先した。排他的経済水域（ＥＥＺ）に関する国際交渉でも、韓国は中国に追従し、日本や米国と対立するようになった。保守派の朝鮮日報も「韓中連携で日本に大陸棚境界交渉を要求しよう」（7月7日付）と堂々と訴えるようになった。もう、韓国は少し前までの韓国ではない。

台頭する中国に備え、米国は日韓を従え〝陣構え〟を急ぐ。その一方で、中国だって脅したりすかしたりしながら南北朝鮮を従えた〝陣構え〟を作っているのだ。それも結構、着実に。

4 「尖閣で中国完勝」と読んだ韓国の誤算

「従中卑日」に動くも「黄海のEEZ」で中国から脅し

「日本を叩く時は中国の後ろをついていく」という韓国の戦略が揺らぐ。「尖閣」で日本が韓国の予想を裏切って善戦しているうえ、共闘しているはずの中国から韓国自身が脅されれ始めたからだ。

韓国の金星煥《キム・ソンファン》外交通商相は2012年9月28日、国連総会の一般討論演説で、日本に対して「従軍慰安婦への補償」を要求、さらに「独島（竹島）問題の国際司法裁判所での協議拒否」を強調した。ただ、いずれも日本を名指しせず、間接的な表現をとった。

金星煥外交通商相は「歴史の暗い面に向き合い、過去の過ちを正せ」とも説教。「歴史」を持ち出したのは、「慰安婦」でも「独島」でも「日本＝戦犯国」を強調すれば世界の理解が得られるとの判断である。

ことに「尖閣」で激しく日本と対立する中国の歓心を買うことができる一方、「独島」

での対日圧力を増せると韓国は期待したのだろう。中国も「尖閣」は「日本＝戦犯国」が奪ったもの、という理屈を掲げている。

実際、その4日前の9月24日に金星煥外交通商相は中国の楊潔篪外相とニューヨークの国連本部で会談、「歴史」を掲げて対日共同戦線を張ることに改めて合意した。中韓両国とも専門家は法律論で日本と争えば自国が不利と知っている。

聯合ニュースは以下のように報じた。

「東北アジアの未来志向的な協力を推進するには、何よりも関連国家の正しい歴史認識が担保されねばならないと両外相の間で意見が一致した。これは国連総会で日本が歪曲した歴史観を土台にして中韓両国を挑発せぬよう圧迫を加えると同時に、日本が挑発を強行した場合には中韓両国が共同で対応しうるとの警告である」

野田佳彦首相は9月26日に、「尖閣」や「竹島」を念頭に「国の主権、領土、領海を守ることは国家として当然の責務だ」「領土や海域を巡る紛争は国際法に従い解決するべきだ」と演説した。ただ、対立の先鋭化を恐れてであろう、中国や韓国の国名はあげなかった。

ところが、9月27日の一般討論演説で、中国の楊潔篪外相は尖閣諸島（中国名・釣魚島）について、「日清戦争末期に日本が中国から釣魚島を盗んだ歴史的事実は変えられない」と異例の激しい表現で日本を非難した。

そして、翌日の9月28日に、冒頭で示した金星煥外交通商相の演説となったわけだが、中国外相とは異なり日本の名はあげなかった。日韓関係の悪化を懸念する米国の圧力があったことに加え、韓国の国際情勢の読み違いが次第に明らかになったからと思われる。

韓国の誤算は3つあった。まず、日本が韓国の予想、あるいは期待と異なって中国にすぐさま屈服しなかったことだ。

「日本も中国に領海を踏みにじられるといいのに……」

「尖閣」での摩擦が始まった頃、韓国のほとんどの識者は「中国の漁船や、海軍艦艇などの公船が尖閣をとり囲めば、日本はすぐに白旗を掲げ、中国が周辺海域を実効支配するようになる」と語っていた。新聞もそのトーンで書いていた。

理由は2010年の尖閣での衝突事件で、初めは強気だった菅直人政権が、中国に少し脅されると直ちに腰砕けになった経緯からだ。韓国を含め周辺国家は「日本にはもう、昔日の力はない。押せば日本は後退する」と見るに至った。李明博大統領の竹島上陸もこれが遠因である。

もう1つの理由は韓国人の希望的観測だ。

韓国のEEZ（排他的経済水域）はもちろん領海内に至るまで「3000隻もの中国漁船が日常的に不法操業している」（韓国の海洋警察）。警察官が中国の漁民に殺される事件が何度も発生しているが、海洋警察はこの数に押され十分に取り締まることができない。

この問題を韓国人に聞くと一様に不快な顔をする。そして「攻撃は防御なり」とばかりに、2010年の尖閣での日本の屈辱を話題にしたがる。彼らの言説からは、「日本も同じ目にあってほしい」との密やかな願いが感じとれる。

いずれにせよ、「尖閣も多数の中国漁船に襲われれば、日本はたちどころに屈服する」との読みに立って、韓国人は勝ち馬の中国と共同戦線を張ることにより、独島でも日本の要求をはね付けられると願った。ところが、中国の漁船は大量には来なかった。これまでのところ中国は本格的軍事衝突を避けている。米国の強力な支援が大きい。ある日本の安全保障専門家は次のように語る。

「尖閣での衝突が起きそうになるや否や、米国は世界最強のステルス戦闘機、F22を22機、沖縄に緊急配備した。さらに、空母『ジョージ・ワシントン』と同『ジョン・C・ステニス』をそれぞれ中核とする空母打撃群を2個も沖縄周辺海域に派遣。そのうえ、米海兵隊と陸上自衛隊が合同で上陸訓練を実施するなど中国の海空軍の侵攻を強力に牽制した」

大陸国家であるせいか、韓国人は米国の海洋覇権にかける決意を軽く見がちだ。だが、海軍力が皆無に等しいフィリピンでさえ、今や中国との領海紛争では後ろに引かなくなった。もちろん、米海軍が全面的にバックアップする姿勢に転じたことが大きい。

米国は中国の領土・領海拡張政策に対抗して、日本やフィリピン、ベトナムなどとともに軍事的な中国包囲網を作り始めた。その最中に、韓国が「日本とのケンカ」を言い訳に中国と共闘すると言い出しても米国は賛成しないだろう。

韓国の誤算の2つ目は、韓国が実効支配している暗礁を取り戻す姿勢を中国が明確にしたことだ。2012年9月23日、中国政府は無人航空機を利用した遠隔海洋監視システムのデモンストレーションを実施した。韓国各紙によると、中国はこの場で、「釣魚島（尖閣諸島）と蘇岩礁（韓国名・離於島）を監視対象に含める」と明らかにしている。

蘇岩礁は黄海の入り口の、中韓両国がそれぞれに主張するEEZが重なる海域にある。韓国は自国の方が近いという理由をあげて、2003年に暗礁の上に「海洋科学基地」を竣工、実効支配に乗り出した。

これに反発した中国は、2012年3月、蘇岩礁を念頭に「今後、中国が管轄する海域を海洋監視船と航空機で定期的に監視する」と宣言、9月23日のデモンストレーションによって韓国人は「中国がいよいよ取り返しに来る」との恐怖を抱いた。

2日後の9月25日には中国初の空母「遼寧」が就役、黄海ににらみを利かせ始めた。「遼寧」はソ連の空母「ワリャーグ」を改装したもので、まだ固有の艦載機も載せていない。護衛部隊も編成されていない模様だ。

しかし、韓国人の空母恐怖症は根深く、この空母が試験公開された際には、「韓国は軍事的にも米国・中国と等距離であるべきだ」などという弱気の主張が新聞紙面を飾った。

朝鮮日報のユ・ヨンウォン軍事専門記者は2012年9月25日付の記事「尖閣の次は離

於島、中国が地域紛争化の動き」で「中国は海洋科学基地の撤去を韓国に要求してくる可能性がある」との専門家の意見を紹介している。その要求は、空母「遼寧」を「離於島」海域に送りつつのものになるかもしれない。

韓国が中国と対日共同戦線を組んでも、中国が「蘇岩礁」などで韓国に譲歩するわけもない。だが、韓国人の心の片隅には「中国の前で日本を悪者にして、自分はいい子になれば中国の風当たりは弱くなる」という奇妙な期待感があった。ゆえに、韓国の世論は混乱する。

朝鮮日報は9月26日付の社説の見出しを「中国の領土にかける野心が過ぎれば〝反中連帯〟を加速する」とした。

内容も興味深い。まず、中国が「離於島」に関心を高めるのは黄海から東シナ海を経て南シナ海に至るシーレーンを確立するためだろう、と分析。さらに、中国の南シナ海での東南アジア各国との領有権争いや尖閣諸島における日本との紛争、「離於島」を巡る韓国との摩擦の3つを一体のものと見て、「国力向上に伴い、周辺国に対する領土拡張の野心を持つ中国」を批判した。

中国人がこれを読んだら、「韓国人は竹島では『日本に苛められそうだから助けてくれ』と中国に泣きついたくせに、釣魚島（尖閣諸島）では日本に味方して中国を非難し、反中連帯の音頭をとるのか」と怒りだすに違いない。

３つ目の韓国の誤算は、9月26日の安倍晋三氏の自民党総裁就任である。韓国各紙は「『独島』と『尖閣』が、当初は見込みが薄かった極右の安倍氏を当選させた」と分析したうえで、「首相に就任すれば韓国や中国に対し強腰に出るだろう」と警戒感をあらわにした。

安倍氏は産経新聞のインタビューで、「過去に自民党政権がやってきたことも含め、周辺国への過度の配慮は結局、真の友好につながらなかった」（２０１２年8月28日付）と語っている。[1] 多くの日本人がこのくだりには同感するであろうし、一部の韓国紙もこの部分に注目し、記事に引用している。

日本の〝良心派〟も、もう韓国を助けられない

これまで韓国紙は「日本の右派が反韓的な言動をしても、日本の良心派がそれを抑えてくれる」という単純な日本観をもとに紙面を作ってきた。今回の中韓との争いに関しても、日本の左派団体が中韓両国の主張に沿って日本に反省を求める声明を発すると、韓国各紙は「日本の良心派も日本を厳しく批判した」と大喜びした。東亜日報は社説でもそうした視点で取り上げた。日本の左派メディアさえも、この左派団体の声明を無視したのと対照的である。

ただ、最大手紙で、現実主義的な紙面作りの朝鮮日報だけは、「少数の知識人が右傾化する日本を変えることができるか（いや、できない）」という見出しの社説を載せた。つ

いに、一部とはいえ韓国メディアも、「普通の日本人も韓国や中国に敵対心を抱くようになった。日本社会で孤立した〝良心派〟は、もう韓国を助けられない」という事実に気が付いた。そして、日本こぞっての反撃に備える必要があると訴え始めたのだ。

巨大な隣国の台頭という厳しい国際環境の中で、韓国は中国と同じ価値観・歴史観を表明し日本を叩く――「従中卑日」戦略を採るようになった。

2005年、「靖国神社参拝反対」をテコに日本の国連常任理事国入り阻止で中国に追従した際にその効果がはっきりと確認され、以降、「従中卑日」戦略が定番化した。韓国はこの戦略は以下のように外交上の利点が多い、と考えている。

（1）中国と一緒になって日本のイメージを落とすことで、その効果を大きく増せるうえ、日本からの反撃を減らすことができる。竹島・尖閣問題で中国と一緒になって「戦犯国＝日本の強欲な領土要求」を世界で宣伝しているのは、まさにこの狙いからだろう。

（2）「従中」が米国の不興を買いそうな時は「卑日」で言い訳できる。典型的な例が、中国が不快感を示す日韓軍事協定を結べと米国から迫られた際に「戦犯国、日本の反省が足りない」という理由を掲げて拒否したケースだ。

（3）中国にとって「韓国は日本よりいい子」になるので、中国から日本よりは大事にされる。実際、2012年の中国の日本製品ボイコット運動で、韓国人の期待通りに自動車など韓国製品の売り上げが伸びた。

こんな曲芸的な外交が長続きするのか、と思う人も多いだろう。だが、この「大国の間を泳ぎ渡る優れた新戦略」を得意げに説明してくれる韓国人がいるのも事実である。

ただ、「曲芸」は「曲芸」に過ぎない。中国と共闘するほどに、「韓国は、日本人への攻撃を政府が指導する中国と似たような国」と世界が見始める。それに、殴られっぱなしだった日本も、ついに韓国や中国に本気で反撃に出そうな気配だ。

米中対立が深まれば、米国も「日本の謝罪が足りない」などという言い訳などには耳を貸さなくなり、「日本の過去よりも、今、韓国は米中どちらの味方をするのか」と踏み絵を突き出すだろう。同時に中国も同じ踏み絵を取り出すに違いない。

これまでそれなりの効果をあげてきたものの、少々怪しくなってきた「従中卑日」戦略を韓国は続けるのか——。韓国は、日中間の対立に見えて、実は米中の覇権争いである「尖閣」の成り行きを必死で見守っているだろう。

第1ラウンドでは、韓国の予想に反し日本は即座には白旗を掲げなかった。だが、これから中国が対日経済制裁を強めつつ「領土問題の存在の認定」を迫れば、日本は思わずそれを呑んでしまうかもしれない。

すでに橋下徹大阪市長らが「裁判すれば勝てる」との判断により、領土問題の存在を認めようと言い出した。日本人は「領土問題の存在の認定」→「国際司法裁判所での審判」と考えている。

しかし、中国人民解放軍は「存在の認定」→「軍事侵攻」のシナリオを描いているだろう。「領土問題が存在する地域で軍事力を行使しても非難される筋合いはない」と彼らは考えるからだ。米国は、日本が安易に中国に妥協すれば「尖閣」や「日本」を守る意思を失うだろう。

中国は「尖閣のワナ」に陥り始めた日本を「シメシメ」と見ているに違いない。そして韓国も、中国の肩越しにそれをのぞいていることだろう。

（1）：産経新聞のネット版の記事では安倍氏のこの発言は削られている。

5

【対談】漂流する韓国を木村幹・神戸大学大学院教授と読み解く

韓国は「米中対立の狭間をうまく泳ぎ切れる」と考えている

鈴置　韓国の「離米従中」がはっきりしてきました。弾道ミサイルの射程延伸問題では、米国の規制に「NO！」を突きつけました。米国や国際機関によって禁止されてきたウラン濃縮や使用済み核燃料の再処理に関しても、韓国は解禁を強く求めています。

韓国が今すぐ核ミサイル開発に走るわけではありませんが、保有への障害を取り除いておこうとの意図は明白です。米国の核の傘なしでもやっていける体制、つまり自主国防路線の確立に向け布石を打ち始めたのです。

日本との軍事協定、「物品役務相互提供協定（ACSA）」も棚上げ、あるいは放棄しました。表面的には「日本を拒否した」格好ですが、日韓軍事協定は米国の強い意向を受けたものですから、これも米国に「NO！」を言ったと同然です。

一方、中国に対してはACSAに続き、軍事情報包括保護協定（GSOMIA）の締結を申し込みました。韓国はもう「離米従中」を隠さないようになりました。経済面でも、日韓ＦＴＡよりも中韓ＦＴＡの交渉を優先させました。日中韓ＦＴＡにさえも消極的です。

「恐中」か、中国への「過剰忠誠」か

木村　鈴置さんがご指摘のように、韓国は外交的な立ち位置を大きく変え始めました。ただ、ご意見の一部には違和感も持ちます。

　中国が明確に韓国を動かそうとピンポイントを定めて操縦しようとしているように鈴置さんは書かれておられますが、私は少し異なると思います。「中国に脅されたから」というような直接的な理由によってではなく、言わば中国に対する「過剰忠誠」のようなメカニズムによって、韓国自身が、結果的に中国の意を迎える行動に出ているのだと思います。「過剰忠誠」のメカニズムは、例えば、昔の韓国の国内政治でもありました。朴正煕や全斗煥《チョン・ドファン》といったストロングマンが君臨していた時代には、大統領が直接命令もしないのに、部下がその意向を忖度して勝手に動く、という行動パターンがよく見られました。少し比喩的になりますが、あの外交版だと考えると分かりよいと思います。

　もうひとつ指摘したいのは、今日の韓国人がしばしば口にする「時代精神」と関連した考え方です。ここで言う「時代精神」とは、ヘーゲルなどが述べたような「ある時代における支配的な精神傾向」といったものではなく、「抗うことのできない時代の流れや常識」

といったものを意味します。そして、それが今日の韓国では、「アメリカ中心の時代はすでに終わり、中国中心の時代が到来しつつある」というのが、「時代精神」として見なされつつあるのです

――韓国だけではなく世界の多くの国が中国への依存度を増しています。韓国だけが特殊な存在なのでしょうか。

鈴置　韓国経済の対中依存度は群を抜いています。中国のGDP（国内総生産）が1％下がると韓国のそれは0・4％下がる、という分析もあります。

木村　私が指摘したいのは、「世界には抗い難いトレンドがあり、これに抵抗するのは不可能だ」という考え方が、韓国では伝統的に存在していることです。興味深いのは「トレンド」は常に韓国の外部で決まることであり、だからこそこのトレンド自身を韓国が左右することができない、という大前提で議論が進むことです。

ここから「世界の新しいトレンドには乗らなければならない。乗り遅れると大変なことになる」という強迫観念が生まれます。ここに「世界全体が中国を中心に回り始めた」という認識が今、加わって「それっ、中国だ」と一斉に飛びついているということになります。その意味では、韓国では「韓国にとって中国とは何なのか」よりも「世界が中国をどう見

るか」がより大事だということになります。「世界が中国の時代が来つつあると見ているのだから、我々もそれに従って中国にすり寄るしかないではないか」と韓国人は考えるのです。

このような考え方は、「今日の中国」に対するそれのみに限りません。例えば、1997年のIMF（国際通貨基金）危機の際には、「グローバル化や新自由主義が正しいのだ」という考え方が「時代精神」、つまり「抗い難いトレンド」であると見なされました。そして、韓国はその方向にひた走りに走りました。

また、冷戦時代には、韓国は米国に尽くしに尽くしました。当時は「時代精神」という言葉は使いませんでしたが、やはり「冷戦下の時代状況では、超大国の1つと組んで国際社会の一角の位置を占めることが世界の正しいトレンドである」という認識があったからです。実際、これまで韓国は各々の時代の「精神」を巧みに読み取ることで、世界の変化をうまく乗り切ってきた、ということもできます。

そして今、また新しい潮目が来ている、と韓国の人々は考えています。繰り返し述べているように、韓国では中国の存在感が急速に大きくなってきています。経済で言えば対中依存度の急上昇でしょう。政治面でも強大化する中国を意識することによって、韓国人のモノの考え方が少しずつ変わっているように思います。「大きな中国なしにはやっていけないのだ」という世界観に陥った韓国が、自ら進んで国の方向を変えてしまう側面が大きいのです。

――「実用的な従中」と「時代精神からの従中」は結果として何が異なるのでしょうか。

木村　正直言って、「従中」という言葉は好きではないのですが、もし両者に違いがあるとすれば、前者が冷静な利益の判断と、それに伴う合理的な議論の結果なされるものであるのに対して、後者では、合理的な利益計算に先だって、「常識」ができあがってしまい、その「常識」の妥当性が問われることなく、人々が押し流されてしまう、ということになるでしょう。

また、韓国の多くの人の考えでは、トレンドは自国の外で設定されることになりますから、これを自らの力で変えてやろう、という発想が出てきません。「時代精神」という世界のトレンドは一種の公理なのです。その意味で、少なくとも韓国人の主観では、彼らが行っていることは「従中」ではなく「従・時代精神」なのです。

鈴置　ご指摘は実に面白い。私は日本が絶好調だった1980年代後半から90年代初めまで韓国に在勤しました。当時の韓国社会の空気は今以上に反日が濃かったのですが、同時に、日本ともっと近しくならねばならぬ、という意識が異常に強かった。

日本から技術やノウハウを得るためと私は考えていましたが、木村先生の「時代精神理論」によれば、「日本を中心に世界が回る時代が来ると世界中が見ていたから日本に近づいていた」のかもしれません。

力をつけた韓国は米国に「NO！」と言える

――中国に話を戻すと、これから韓国は中国べったりになるということですね。

木村　ここは面白いところなのですが、鈴置さんは「離米従中」という言葉を使って、そう予想しておられます。結果がどうなるかは分かりませんが、ここで示されている図式と、韓国人が考えていることは、かなり違うと思います。なぜなら、少なくとも韓国人は、「自分たちは米中間でもっとうまく立ち回れる」と考えているように見えるからです。

つまり、現在の韓国人――ここでは韓国世論ぐらいの意味で理解しておいてください――が考えているのは、「米国か、中国かの選択」ではなく「米国とも中国とも」。つまり、米韓同盟を維持しつつも中国との友好関係も維持することは可能だということです。違う言い方をすれば、韓国の世論は、米中関係をゼロサムゲームだとは考えていない。

その背景には、最近、韓国の国力が増していることがあります。確かに中国の台頭は止めることができないし、韓国はこの新しい国際社会の構造の中で生きていくしかない。ただ、そのことは韓国の側に自由度がないということを意味しない。

韓国はかつてよりずっと力をつけているのだから、ある程度自由度をもって行動できるはずだ、と韓国人は考え始めたのです。それは具体的に米中関係の中での自らの立ち位置になって現れます。

鈴置　確かに、日韓軍事協定を巡ってもそう考えたフシがあります。昔ならともかく力をつけた今なら、米国に対して「日本とこんな協定は結びたくない」と言っても受け入れられると韓国人は読んで、日本との署名のドタキャンに踏み切った部分もあったと思います。

韓国の国力向上に加え、「米中対立により米国にとって韓国の地政学的な重要さが増したから米国に反抗しても大丈夫」という意見も垣間見られます。ミサイルの射程延伸に関する韓国紙の一連の記事の中に、この理由をあげて「韓米ミサイル指針」を一方的に破棄しても米国は仕返ししてこないと主張したものもありました。

木村　日本や米国では、「米中関係は基本的にゼロサムゲームであり、将来的には対立の度が増していく」と考える傾向がある。一方、韓国では「米中関係はゼロサムゲームではないのだから、必ずしも対立関係である必要はないし、またそうなってほしくない」との考えや願望がある。韓国の見方が誤っているかどうかはともかく、隣国の人々がそう考えはじめているという現実は認識しておく必要があります。

興味深かったのは、2012年6－8月のＲＩＭＰＡＣ（環太平洋合同演習）の際の一部韓国メディアの報道ぶりです。「どうして中国は参加させないのだ」と論じたのです。

少なくとも今の日本や米国では、ＲＩＭＰＡＣが対中国合同演習であることは当然と見なされていますから、韓国メディアの認識が我々といかに異なるかが分かります。

鈴置　「中国封じ込めのための演習に中国を招け」とは、ユニークな意見ですね。

木村　こうした発想は、必ずしも韓国固有のものではないことにも注意が必要です。例えば、１９６０年代や70年代には、日本の一部の人々も、冷戦華やかなりし時代において、「平和憲法を有する日本が東西両陣営の対立を収める」とか、「国連中心主義で平和な世界を作る」などという議論を本気でやっていたわけです。

鈴置　そのころ韓国人は北朝鮮をはじめとする共産圏と厳しく対立し、国家が消滅しかねないとの危機感さえ抱いていました。だから、日本人の能天気な空想的平和論に辟易としていました。

木村　その通りです。かつての韓国人は冷戦の最前線で、リアルポリティックスの中で生きていたのです。でもそれは当時の韓国人はより現実的だった、ということではなく、それが当時の韓国人にとっての「時代精神」だったわけです。でも、その考え方はすでに大きく変わってしまっています。

済州島には米中双方の空母が寄港する

鈴置　故・盧武鉉《ノ・ムヒョン》大統領の「バランサー論(1)」も妄想と内外から強く批判されました。

木村 ええ、当時、皆があっけにとられました。でも、今になって振り返ると、盧武鉉政権下の議論は、それでもある程度は、リアルポリティックスの議論に則って展開されていました。

故・盧武鉉大統領の「バランサー論」にはゼロサムゲーム的な米中のパワーゲームを前提にして、その間をうまく立ち回ればおいしいところを取れる、との発想もあったからです。漁夫の利を本当に韓国が得られるかどうかは別として、米中対立を前提として議論を展開していたわけです。

それが今や、南シナ海の島々を巡る状況に端的に現れているように、米中対立はさらに厳しくなっているのに、逆に韓国では楽観的な議論が増えている。

韓国が中国に接近しても、必ずしもそれが米韓同盟の否定につながるとは考えない。その背景には、米韓同盟は基本的に対北朝鮮同盟なのだから、この関係を維持しつつも中国との関係を維持できるのではないか、という期待があります。

鈴置 「米中対立はない」と考えているのではなく、私は韓国人は分かっていて現実から目をそらしているのだと思います。韓国の知識人に聞くとほとんどが「米中対立が激化した時のことなど、今から考えてもしょうがない」と答えます。見たくないものは見ない。だから、出たとこ勝負というわけです。

日本のように中国に寄れず、米国につくしかない国は単純に動けます。例えば、中国の海軍力増強にどう対応すべきか――。左派や親中派の多い民主党政権下でさえ日本は、中国をにらんで潜水艦を増やすことを決めました。半面、韓国は中国と戦うつもりはありませんから、中国向けと見なされる軍備増強は露骨にはできない。

韓国が中国と分け合う黄海。この入り口に位置する済州島に建設中の海軍基地も微妙です。韓国の左派が「米中戦争に巻き込まれるから建設するな」と批判したら、国防相が「(中国を怒らす)米国の空母が寄港するとはまだ決まっていない。それに、この港には中国の船も寄港できるのだ」と公言しました。

米韓同盟が維持される間は、米国の空母が韓国の軍港に寄港することは自然です。でも、国防相が中国の船だってOKと言ってしまった以上は中国の空母も入ってくるでしょう。済州島の海軍基地は米中の空母が並んで停泊する、世界に冠たる〝平和な港〟になるのかもしれません。

韓国のメディアも「米国とも仲良く、中国とも仲良く」と書くしかないのです。もっとも、最大手紙の朝鮮日報だけは厳しい現実をまっすぐに見つめていると思います。社説やキャンペーン記事で「強武装中立」への準備を訴えることがあります。

米中対立が極度に達し、国土が戦場にされそうになったら米韓同盟を破棄し、局外中立を宣言する。そのために、どの国に対しても「手を出してきたら手痛い反撃を受けるぞ」と言えるだけの武装は整えておく――というハラでしょう。同紙は時に核武装の必要性も示唆します。昭和50年代の日本と同様、「ハリネズミのような防衛体制」という言葉も使い始めています。

木村 ただ、その自主国防も自信があってのものではなくて、米中が本当にけんかした時に備えての「保険のための自主国防」に過ぎないことに注目する必要があると思います。米国にも中国にも全部は賭けられないし、賭けたくない。だから最低限の防衛努力も必要だ、ということです。

最近の韓国で、核とかミサイルの話が出るのも、同じ理由からです。韓国には基本的に、周辺の大国とはまともに戦っても勝てないとの考えがありますから、その中で最も安上がりで効率的な防衛戦略を選ぶ。その答えが核とミサイルということになります。その意味では周辺大国に呑みこまれないよう、自前の核の傘を持ちたいという意図は韓国も北朝鮮と全く同じです。

いずれにせよ、韓国の世論の流れは、盧武鉉大統領の米中間の「バランサー」から「中立化」に近づいていくのだろうと思います。RIMPACに関しても、「ここを国際交流の舞台となし、国連のように平和追求のための組織に作り替えよう。そして、自分がその交流のハブになる。米中を韓国が取り持っていくのだ」という発想が色濃くなると思います。

1960年代の「平和国家、日本」ならぬ「平和国家、韓国」というわけです。ただ、かつての日本の議論が東西両陣営とも距離を置くというものだったとすれば、今の韓国の議論は米中双方にべったりとひっつく、という感じになることは注意が必要かもしれません。済州島に中国の艦船を入れる、などというのはまさにその典型的な現れですね。もちろん、ポイントは「中国の船を入れる」ことではなく「中国とアメリカの船を一緒に入れる」という点になります。

日本にとっても、米中が平和的な関係を保つことそれ自身は、基本的には悪いことではありませんので、個人的には、ここは韓国のお手並みを拝見したいという気もします。

苦虫をかみつぶす米国

――韓国の「中立化構想」なり「米中取り持ち論」を中国や米国はどう見るのでしょうか。

木村　中国はとりあえず、韓国にやりたいようにやらせておくでしょう。鈴置さんは、中国は韓国に踏み絵を突きつけている式に書かれますが、私はまださほど強力な踏み絵は突きつけていないと見ています。

鈴置　ヘビににらまれたカエルのように韓国は動きが取れなくなっているから、いずれじっくり料理できる――私風に言えば。木村先生式に言えば、時代精神という妙なものを信仰して勝手に近寄ってくるので、中国はあせらずに熟柿が落ちるのを待てばよい、ということですね。

木村　そうですね。米国は苦虫をかみつぶした思いでしょう。特に、政権末期にあった当時の李明博大統領は世論をコントロールできる状態にはありませんでしたので、韓国外交は世論に流されて漂流状態にありました。どうにも手の出しようがないのでただ見守るしかない、という状況だったと思います。

鈴置　日韓軍事協定に関して、ビクター・チャ米ジョージ・ワシントン大学教授やマイケル・グリーン米戦略国際問題研究所（CSIS）日本室長ら米国の〝米日韓3国同盟論者〟が相次ぎ中央日報に寄稿し、「韓国の利益になるから結ぶべきだ」と必死で呼び掛けました。

前者は、韓国は反日感情から日韓軍事協定をキャンセルしたという前提に立っています。だから議論は説得力に乏しい。後者は「反日ではなく恐中」と見抜いていて、寄稿にもそれが反映されていた。でも、そのグリーン氏も「中国とのFTAはどんどんやっていいよ」と書くものの、「中国との軍事協定もいいよ」とはさすがに書きません。ところが、韓国は遠慮なしに中国に軍事協定を持ちかけています。

米国は韓国のコントロールが利かなくなった、つまり「韓国の脱米」を実感しているところでしょう。一方、この記事を読んだ韓国人の中には「まだ、あれやれ、これはやるな、と口を出すのだな」と反米感情を高める人も出るでしょう。

木村　米国が国として動くのは2013年の韓国の新大統領就任の後になるでしょう。韓国の新政権に対して米国は、一部で囁かれている核武装への密やかな準備に関しては明確に「NO!」と言うでしょうし、対中接近についても牽制することになるでしょう。

わかりやすく言えば「米国と中国との間で旗幟を鮮明にせよ」というわけです。踏み絵を突きつけられるとすれば、中国からではなく米国になります。そういう意味では、これからの米韓関係は注目ですね。

——韓国と中国の今の関係は、過去のどの時代に最も近いでしょうか。鈴置編集委員は「明清交代期」との類似性を指摘しています。

木村　歴史は繰り返すわけではないので、単純な比較はできないことは最初にお断りしておきます。が、それでもとおっしゃるのであれば、明から清への交代期より、それより前、中国の王朝が元から明へ交代する時期、朝鮮半島の歴史であれば、高麗末から朝鮮王朝初期の時期の方が今に近いのではないかと思います。

当時の状況を少し説明すれば、こんな感じになります。13世紀、モンゴルの侵攻を受けた高麗は、一時は完全にモンゴルの傀儡国家と化しました。王朝の後継者が北京に駐在し、モンゴル人の配偶者を割り当てられ、モンゴル貴族化してしまっていた時代です。朝鮮半島内部においてもモンゴル人が各地に駐留し、現地住民との軋轢が増していきます。どこかで聞いたような話ですね。

しかし、明の台頭を契機に、高麗の一部勢力はモンゴルの影響力から離脱しようとします。ここで内部分裂が起こり、激しい権力闘争が行われた後、高麗王朝は崩壊し、新しい王朝、つまり朝鮮王朝（李氏朝鮮）が打ち立てられます。

元明交代期の朝鮮半島の政治が、明清交代期と違うのは、後者においては、朝鮮半島の人々は満州族の王朝である清朝を軽蔑して、漢民族の王朝である明朝を慕い続けたのに対し、前者では王朝交代が直ちに、当時の人々の「時代精神」の転換をもたらしたことです。

鈴置 韓国人が中国を喜んで受け入れるとの判断から今の中国を「明」に見なすわけですね。私はいやいや受け入れるから「清」と見たてたのですが。それにしても米国を「元」に例えるのは面白い。

木村 もちろん、韓国には依然として、米国に対する憧れもあるので、それほど単純ではないのですが、似ているのは底流に「力で自分たちを押さえ込んできたもの」に対する反発がある、ということです。モンゴルの力による支配がモンゴルに対する反発を呼び、だからこそ、その力の衰退を機に一挙にモンゴルからの離脱へと進む——という展開は、現在の米国を巡る状況と似ている気がします。

もう1つ言えば、清朝は軍事力で朝鮮王朝を屈服させたわけですが、明朝は高麗王朝や朝鮮王朝を力でねじ伏せたわけではないんですね。まさに、「これからは明朝の時代だ」

という認識が芽生え、その結果として、韓国人の側が自らの主体的な判断の結果として、新しい王朝を選択していく。そのメカニズムは、現在と似たところがあると思っています。

竹島上陸は韓国の独立宣言

――歴史のアナロジーから考えると、中韓関係は今後どのように展開するでしょうか。

木村 極めて単純化すれば、元明交代期には「親元派」と「親明派」が対立し、後者が勝って朝鮮王朝を建てた。この先例に沿えば、「親米派」と「親中派」が韓国内で対立し、「親中派」が勝利して政権交代が実現する、ということになるのでしょう。でも、現在の状況はそれほど単純ではないように思います。

というのは、現在の韓国ではこの方向性を決めるのは、権力者による権力闘争の結果ではなく、世論だからです。つまり、韓国が民主主義国家である以上、いかなる権力者もこの民意に大きく反して行動することはできない。そして、今、韓国の世論は必ずしも米中対立を確定的とは見ているわけではありません。

ＲＩＭＰＡＣへの中国招待論や、中国への軍事協定申し込みにもそれが見られます。つまり、韓国内で「親米派」と「親中派」が分かれて対立する、という図式ではなく、ゆるやかに「親米派」が減る一方、「親中派」が増えていく、というのが考えられるシナリオであるように思います。

鈴置 韓国には反日や反米はあっても反中運動はほとんど存在しません。「中国には従うもの」というDNAが社会に埋め込まれているかのようです。「韓国の親中」の原因を木村先生は新しいトレンドを追う「時代精神」に見つけます。

が、私にはDNAによって――歴史を強く意識するがゆえに――韓国人が今、先祖返りしているように思えます。いずれにせよ、韓国の親米保守も必ずしも反中派ではありません。韓国が中国に傾いたらそれに反発するのは、せいぜいキリスト教勢力ぐらいではないか、という人が多いのです。

――2012年には李明博大統領が竹島に上陸し、その後も従軍慰安婦問題で日本を非難したうえ、天皇謝罪を求めるなど一気に日本への攻勢を強めました。

木村 李明博大統領の竹島訪問は、日本では大きな話題となりました。ですが実際には既に韓国が実効支配している地域を訪問しただけで、長期的には韓国にとってはあまり効果的とは言えない行為でした。

というのは、韓国はこれまで竹島については「領土問題は存在しない」という立場を取ってきました。実効支配しているのですから、国際的には領土紛争が存在していないというスタンスを取る方が有利だからです。ちなみに、日本は尖閣諸島については同じような姿勢を取っています。ところが、李明博大統領の訪問により、ここに領土問題があることを明らかにしてしまいました。

ただし、短期的には李明博大統領は国内の話題を集めることに成功しました。任期が残り6カ月となってレームダック化しているところで実兄などが収賄容疑で逮捕されましたが、こういったスキャンダルから国民の目をそらすには十分だったと言えるでしょう。

鈴置　退任後の韓国大統領は歴代、悲惨です。民主化の後でも、4人のうち1人は投獄され、2人は子息が逮捕されました。残りの1人は自殺しました。前任者を徹底的に卑しめないと力を手に入れられないとこの国の権力者は考える風があります。

企業でもそうで、日本のように交代の会見で新社長が「前任者の敷いた路線を踏襲する」などとは絶対言いません。前社長のかわいがっていた役員・社員を意思決定機構から外すことから手をつけるものなのです。

韓国では前の政権を否定するためにしばしば遡及立法が行われますから、李明博氏も油断できません。「独島に大統領として初めて上陸し、日王（天皇）をしかるなど、よほどの功績を作っておかないと退任後、迫害される」と考えても不思議ではないのです。

――竹島訪問後に「訪韓したいのならば日王は心から謝罪すべき」という発言がありました。

木村　こちらについては深い思慮に基づいていたとは考えていません。竹島への訪問で話題になったので、次に日本人が注目しそうな天皇についても、刺激的なことを言ってみたというところでしょう。そもそも日本側は天皇の訪韓を打診していたわけでもありませんから。

鈴置　青瓦台（大統領府）の広報体制を考えるに、私は「日王への謝罪要求」も、国民に聞かせるため計算して発表したと思います。

「謝罪要求」などがなくとも日韓関係は悪化する地合いにありました。20年ぐらい前までなら韓国が相当な無理難題を言ってきても、日本は「子供のように駄々をこねるなあ。でも、植民地だったのだから、しょうがないか」と〝上から目線〟で見逃してきました。韓国人も「日本は宗主国だったのだから、これぐらい聞いてほしい」と堂々と日本人に語っていたものです。

でも、韓国も経済的に自立し日本の助けは要らなくなりました。韓国は日本に対し遠慮がなくなって、さらに〝無茶苦茶〟を言ったりやったりするようになった。一方、日本は「もう、大人なのだからいいかげんにしろよ、と〝韓国の我がまま〟を許せなくなった」という構図でしょう。

――いつ頃が転機だったのでしょうか。

鈴置　２００８年頃までは、「あまり反日をやると日本が部品の輸出を止めるかもしれない」などと自制する記事が韓国の経済新聞に載ったものです。でも、半導体の部品や素材も国産化が急速に進みました。一部、製造装置などに日本からの輸入が必要なものが残っていますが、今や「経済が縮み、貿易赤字に苦しむ日本には対韓輸出を止める余裕はない」と韓国人は見ています。

李明博氏に限らず、韓国の政治家は「経済的な自立に成功した以上は〝日本から完全に独立した韓国〟を内外に示す必要がある」と考えます。彼が竹島訪問後、語った2点が象徴的です。

1つは、8月15日の〝独立式典〟で、「韓国は先進国になった」と宣言したこと。もう1つは「子供の頃、私をいじめていた強い奴がいた。私が大統領に就任した後、その男と会った。彼は笑って近づいてきたが、私は許す気になれなかった」という趣旨の発言です。ある意味で、竹島上陸は力をつけた韓国の独立宣言だったのでしょう。

韓国では日本から名実ともに独立したことや強国になったことを世界に示すには、旧宗主国の日本を卑しめ、おとしめる「日本たたき」が一番手っとり早い手と考えられがち。李明博氏でなくとも竹島に上陸する大統領は出てきたでしょうし、それ以外の日本たたきも本格化するでしょう。一連の〝反日〟というか、今や〝卑日〟に転じた韓国の行動を李政権の特殊性だけから考えると判断を誤ると思います。

木村　従軍慰安婦問題も、日本たたきを続けていくうえで、あえて指摘しておいたというニュアンスが強いと見ています。

――韓国が中国に急速に身を寄せる今、日本はどう向き合えばいいのでしょうか。

木村　日本の立ち位置は非常に難しいと思います。なぜなら、韓国人の「和解可能な米中関係」という図式の中では、日本はトラブルメーカーと見なされているからです。

現在の韓国の世論でしばしば見られるのは、日本は中国との対立の先頭に立っている、という見方です。「日本は力を失っているくせに、偉そうに問題を起こしてまわっている」という視点の記事が増えています。歴史認識問題や尖閣問題はその典型です。

これは「日本が存在するが故に米中関係が複雑化する」という考え方につながります。だとすると、韓国の世論や政治家、特に進歩的なそれは、米国と日本との関係を切り離すことにより、米中摩擦を減らす方向を模索していくことになるでしょう。

何度も強調していますように、韓国人は米中の間で上手に立ちまわって生き残ろう、と考えている。その際の1つの分かりやすい方法は、日本をスケープゴートにしていくことです。中国からは得点が稼げますし、米国に対しては、過去の問題を持ち出すことで「説明」ができるからです。

中国の〝いい子〟になって生き残りを図る

鈴置　「米国への説明」ですが、日韓軍事協定に消極的だったのは中国への配慮からだったのに、いつの間にか「日本の軍事大国化」や「従軍慰安婦など歴史問題」が理由にすり替わっていますね。

木村　ここで考えるべきは、韓国が日米切り離しに成功した場合、日本の中にある「中国に寄るにしろ、韓国は米国との関係は維持するから、日本は米国の後ろをついていくことにより日韓関係を維持できる」という考え方が成り立たなくなることです。

鈴置　日本からすると、米国を裏切る韓国がトラブルメーカーに見えるのですが、韓国も日本をそう見たいわけです。「日中の対立激化」も、韓国紙はこれを非常に〝勇んで〟書くようになった。私は、韓国が日本を「バック・キャッチャー」（負担を引き受けざるを得ない国）にしたいからだろうな、と考えています。

潜在的覇権国が台頭する際、その周りの国には選択肢が2つあります。1つは同盟を作って皆で潜在的覇権国を牽制する。もう1つは自分だけは潜在的覇権国に敵対せず、その脅威を別の国に向かわせる。〝悪い子〟つまり「バック・キャッチャー」を作って自分だけは〝い

い子〟になる手です。韓国は後者の道を選択し生き残りを図るつもりと思われます。(2)

盧武鉉政権時代の韓国が米国に対して、「日本を共同の敵にしよう」と持ちかけたことがありました。先生ご指摘の「米国からの日本切り離し論」から言えば、韓国にとって「正しい道」であり、その前駆的現象だったと言えます。

そして今、確かにその空気が強まっています。韓国には、従軍慰安婦問題など日本との紛争が起こるたびに、「自分が言っても効果がないから、米国に日本を叱ってもらおう」という発想が生まれます。最近はそれが微妙に変化して「慰安婦問題を大声で叫べば米日関係が悪くなることが分かった。これをもっと活用しよう」と訴える記事が出てきました。

まだ、症例が少ないので結論は出していませんが、「日本が米国の信頼を失えば日米同盟が揺らぐ。すると日本発の米中摩擦が減るので韓国としては望ましい」という韓国人の心境を反映しているとも思えます。普通の日本人にこういうことを言うと、「そんな子供だましの陰謀を考える国がこの世にあるのか」と一笑に付されてしまうのですけど。

いずれにせよ、韓国で新しいタイプの反日が生まれかけています。これまでの反日は外交交渉でモノを得る、あるいは国民のフラストレーションを解消する、あるいはレームダック化した末期の政権の外敵作りなどが目的でした。

これからは、「日本こそが平和の敵だ」と世界で喧伝、中国からはかわいがってもらう一方、米国には日本不信感を植え付ける。これにより米中対立を乗り切るのも反日の目的となる可能性があります。

木村　韓国の政権が――次の政権かもしれませんし、その次かもしれませんが――より本格的に日本を北朝鮮と並ぶ仮想敵国と見なす時代が来るかもしれません。「米国と同盟は結んでいますが、北朝鮮と日本だけを敵と見なしています。中国は敵ではありません」。こう宣言すれば、中国と組める。歴史認識問題にしろ、領土問題にしろ、大陸棚にしろ、その兆候はすでに現れているように思います。

そうなると、日本に対してはまさに「水に落ちた犬は打て」で来る状態になります。言い換えるなら、歴史認識問題で不満を持っていた韓国の一部の人々からすれば、米中対立こそが日本を孤立させる絶好のチャンスだという、転倒した事態になっていきます。歴史認識問題や領土問題を出しておけば、彼らは国内世論に対しても得点が稼げます。現状を放置すれば日韓関係は確実に悪化する、と考えるべきでしょう。

――日本はどうすればいいのでしょうか。

木村　韓国に対し、今日、あるいは将来の北東アジアにおいて中国の台頭は深刻な問題であり、この地域の軍事バランスを維持することが重要であること、さらには、そこに世界第3位のＧＤＰ（国内総生産）を有する日本を組み込むことが不可欠であると説得する必要があるでしょう。説得は米国と共同でするのが効果的と思います。タイミングは比較的支持率が安定しているであろう、大統領の就任前後が良いでしょうから、急ぐ必要があるかもしれません。

鈴置 しかし、韓国は米国の意見も聞かなくなっています。中国という新たな後見人ができかけて、心の底に埋まっていた米国への微妙な感情があふれてきた感じです。

「米国中心の体制だって嫌だった」

木村 確かにそうです。重要なのは、冷戦下における韓国人の経験が、日本のそれとは大きく異なることです。例えば、「中国中心の世界体制は嫌ではないのか」と聞くと、「米国中心の体制だって実は嫌だったのだ」と答える韓国人がかなりいます。

考えてみれば当たり前の話です。かつてはベトナム戦争にも派兵させられたし、米軍基地もたくさん置かれている。加えて、基地への負担もあり、米国は経済体制にさえ口を出してくる。これらが米国への朝貢ではなくて何が朝貢か――というわけです。

また、極端な意見ですが、「我々は長い間、中国、日本、米国の影響下で生きてきた。そのために屈辱を耐え忍んで、他人に頭を下げることも多々あった。日本人は中国人の下風に立ちたくないと言うが、それは真の苦難を経験したことがないからだ。でも、我々には比較の対象がある。今の中華人民共和国が、清朝や大日本帝国、さらには差別意識丸出しだったかつてのアメリカや傲慢なＩＭＦ（国際通貨基金）と比べて、飛び抜けて悪いとは思えない」と言いきる人すら韓国にはいることを忘れてはならない、と思います。

鈴置　中国も宗主国という意味では米国と同じ、ということですか。それに中国とは文化的に親和性が高いですからね、韓国は。

木村　最近、中国の研究者を中心として、「朝貢システムは近代的国際秩序とは異なる、調和のとれた美しい国際秩序だった」と言う人が増えています。「中国は属国から貢物を受け取ったが、数倍の土産を持たせて帰した。近代社会と異なって明確な国境もなければ、民族の対立もなかった。他人に文化を押しつけることもしなかった。朝貢システムは平和的で自由な国際システムだったのだ」との主張です。中国版「近代の超克」論みたいなものだと考えれば分かりやすいかもしれません。

興味深いのは、日本ではこうした主張はほぼ空振りに終わるのですが、韓国では結構受けることです。中国に言われる前から、「米国モデルはもうだめになった。次のモデルは中国型だ」と考えている人が韓国には多いからかもしれません。

日本人も、米国型がいいとは言わなくなったけれど、だったら中国型に、とはなりません。大きな違いは、これまで新自由主義的な政策に徹してきた韓国では、米国型モデルに対する失望が強く、ここからの転換の必要が強く求められていることでしょう。だからこそ、中国から何かしら「新しいモデルらしきもの」が提示されると魅力的に映る。

――文化や人的交流が進んでいるので日韓関係の先行きは明るい、という人がいます。

木村 その意見は依然として多いですよね。でも、実際どうでしょう。確かに、この20年間で日韓、日中の交流は飛躍的に増えました。今では、街で韓国人や中国人の観光客を見かけることは当たり前になりましたし、書店やレンタルビデオ店でも、韓国や中国の何かしらを見つけることは簡単です。また、実際に人気があることも事実です。

ですが、その20年間に、日韓、日中関係はどうなったでしょう。歴史認識問題や領土問題は、かつてよりはるかに悪化し、相互の感情も改善を見せていません。交流が増えているのに、なぜ関係が改善されないのか――。

この考え方では、決定的に重要な点が見落とされているからです。そこには、相手側から見て日本がどう見えているかという視点と、ミクロなレベルと同時にマクロなレベルの変化がどう進んでいるか、という観点が欠けている。

1つ目の点について大事なのは、軍事的にも政治的にも経済的にも日本の価値が下がっている、ということです。かつてとは異なり、もはや日本はアジア唯一の経済的巨人ではなく、韓国や中国から見える存在感は小さくなるばかりです。だからこそ、先ほどから申し上げているように、日本は今、もっとも叩きやすい状況になっています。他方、領土問題や歴史認識問題は解決されていませんから、叩きやすくなれば、叩く人が増えてくるのはある意味当然です。

また、韓国や中国との交流が増えていることと、世界全体との交流の中でそれらがどのような位置を占めているかは別の問題です。例えば、日韓の貿易額は増えていますが、韓国全体の貿易に占める日韓貿易のシェアは減る一方です。理由は簡単、韓国と他国との貿易がもっと増えているからです。いずれにせよ、この2つのことをきちんと押さえないと、そうした見方は単なる印象論の域を出ないと思います。

鈴置 「韓流により日韓関係は改善する」と語る院生がいるのでがっくりきた、と過去に先生はツイートしておられました。

木村 そこなのです。日本における韓国の地位は上がりました。しかし、韓国における日本の地位は下がっています。外から日本はどう見えているのかを知らないと、大きく判断を誤ります。

政権獲得直後の鳩山由紀夫首相が「東アジア共同体構想」を華々しく打ち上げました。1980年代なら、日本の存在は大きなものがありましたから、他の国もついてきたかもしれません。しかし、今の小さくなった日本に言われても、誰も反応しない。そこに利益がないから、当然です。

韓国には「事実」とは異なる「真理」がある

――これからの韓国や東アジアを考えるうえで、注意、注目すべき点をお教えください。

木村　繰り返しになりますが、韓国において重要なのは、彼らの社会の見方が独特だ、ということです。背景には、韓国が朝鮮王朝時代から信奉してきた「朱子学」あるいは、その前提条件である「性理学」の見方があります。ここで今の韓国の人々の考え方との関係で、重要な点は大きく2つあります。

（1）世の中には（「事実」とは異なる意味での）普遍的な「真理」がある。
（2）「真理」は絶対的なものである以上、これにあらがうことは不可能である。

重要なのは彼らがこの真理を「自らを取り巻く個別の事情」から帰納されたものとして導くのではなく、普遍的なものとして提示することです。逆に言えば、いったん提示に成功し、人々にそう信じられれば、それはもはや彼らにとって動かすことのできない「真実」ですから、周りの状況と関係なく「押し付けられて」いくこととなります。

そして、このような「真理」が、現在の韓国では「時代精神」という名で表現されているのです。言うまでもなく、かつては「米韓同盟」や「グローバル化」が「時代精神」だったわけですが、それが今、まさに変わりつつあります。彼らがどこに「時代精神」を見いだすかは、韓国の今後に決定的な影響を与えますから注目してください。

韓国では、指導者の役割の1つが、この「時代精神」を国民に提示し、問いかけていくことです。その意味で「小さな王朝交代」である大統領選挙は、高麗から朝鮮王朝への転換がそうであったように、今後の韓国を見ていくうえでの指針になります。

もう1つ見なければならないのは韓国における投資や貿易の状況です。今日の韓国における中国（香港を含まず）への輸出依存度は25％近くに達しました。「日米を合わせた

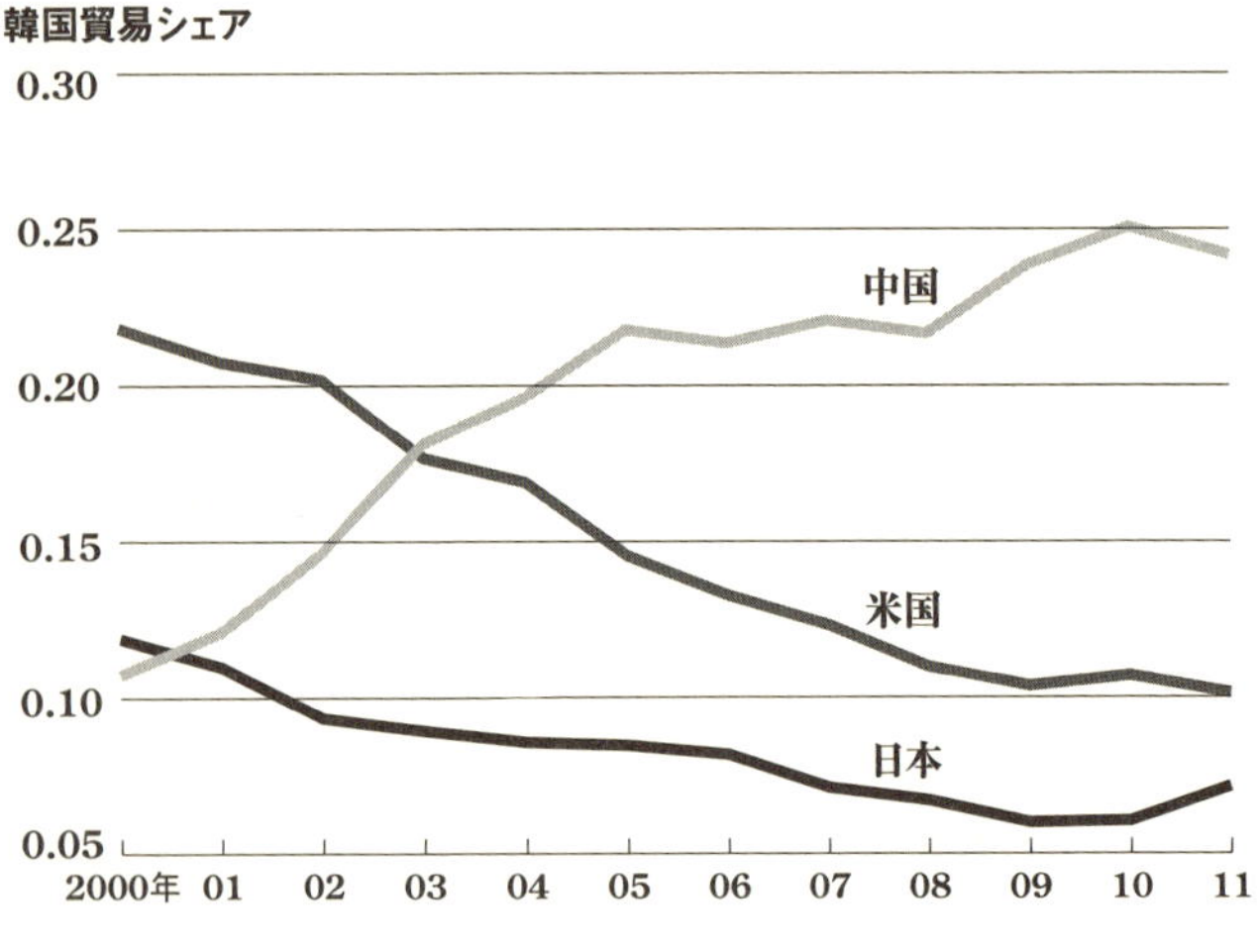

出所：韓国統計庁のデータから木村幹教授作成

規模を超える」と表現されるようになっています。この傾向は今後も継続することになるでしょうから、今後、韓国の中国への経済的依存度がどこまで上がるかは注目です。

また、その裏返しのデータとして、中国側の中韓貿易や韓国資本への依存度がどの程度であるかも重要でしょう。当然のことながら、中国の経済規模は韓国より大きいですから、貿易規模が同じであれば、依存度は中国の方が小さく出ます。分かりやすく言えば、両国の貿易依存度の差が、そのまま交渉力の差となって現れるわけです。

同時に、我々は「過去のデータ」にも注目する必要があります。例えば、現在の韓国においては中国（同）への貿易（輸出＋輸入）依存の拡大が指摘されるわけですが、その比率は依然、20％程度です。これに対し、１９６０年代末においては韓国の日米両国への依存度は、それぞれ40％、30％にも達していました。

日米両国を合わせたシェアは70％以上だったことになります。それに比べれば、現在の中国のシェアは極端に大きなものとは言えません。その意味で、現在の韓国における中国への配慮が「過剰忠誠」であることは、念頭に置いておくべきでしょう。

また、日本にとっては、韓国さらには中国における自らの存在感を知るうえで、貿易、投資、人の往来、さらには文化などで、自らがどの程度のシェアを占めているか常に念頭に置くべきでしょう。

我が国においては時に「アジア諸国との貿易や人の移動、文化交流の拡大」が語られるわけですが、モノ、カネ、ヒト、文化の移動は世界のどの地域でも拡大しています。「我が国との交流が拡大している」ことが、即ち「我が国の重要性が増している」ことを意味しません。どのような指標をとっても、中韓両国にとって、日本の存在感は明らかに低下しています。このことは常に注意すべきです。

（1）：韓国が北東アジアのバランサーの役割を果たすという考え方

（2）：「バック・キャッチャー」を作って生き残りを図る外交政策に関しては『大国政治の悲劇』（ジョン・J・ミアシャイマー著、奥山真司訳、五月書房）の第8章に詳しい。原書は以下の通り。John J. Mearsheimer, "The Tragedy of Great Power Politics" (W.W. Norton, 2001), chapter.8

プロフィール

木村 幹（きむら・かん）

神戸大学大学院・国際協力研究科教授、法学博士（京都大学）。1966年大阪府生まれ、京都大学大学院法学研究科博士前期課程修了。専攻は比較政治学、朝鮮半島地域研究。政治的指導者や時代状況から韓国と韓国人を読み解く。受賞作は『朝鮮／韓国ナショナリズムと「小国」意識』（ミネルヴァ書房、第13回アジア・太平洋賞特別賞）と『韓国における「権威主義的」体制の成立』（同、第25回サントリー学芸賞）。ほかに、『朝鮮半島をどう見るか』（集英社新書）、『韓国現代史――大統領たちの栄光と蹉跌』（中公新書）がある。近著に『徹底検証　韓国論の通説・俗説』（中公新書ラクレ、共著）。

第2章

「日本」を見下す「韓国」の誤算

韓国で日本の地位の凋落が著しい。

２０１３年１月、韓国政府は靖国神社放火の中国人容疑者を中国に送還した。日韓間の条約に基づく日本の引き渡し要求を韓国は完全に無視した。

大統領に当選した直後の２０１２年12月、朴槿恵氏は駐韓米国大使の次に中国大使と会った。日本大使はその次だった。日本が中国より〝格下〟に扱われたのは初めてだ。

日本への軽侮ともいえるこうした扱いは、中国の台頭もさることながら日本の国力がどんどん落ちていることが原因だ。韓国メディアは連日「伸びゆく韓国」を「衰退する日本」と対比しながら国民に伝える。

「日本のＧＤＰの世界シェアは１９８０年の８・82％から２０１２年には５・58％に落ちた。同じ期間に韓国は０・78％から１・96％へ。我が国は日本を急追している」「購買力平価で見た１人当たりのＧＤＰで、２０１８年には韓国が日本を超すと国際通貨基金（ＩＭＦ）は見ている」「サムスン電子が世界一のスマートフォンメーカーに輝いた半面、日本の家電産業には破綻企業が相次ぐ」「韓国は米中双方と極めて良好な関係を保つ。だが、政治が迷走する日本は両国ともに最悪の関係に陥った」「浅田真央はキムヨナの足元にも及ばない。日本のファンは嫉妬している」……。

建国以来、あらゆる分野で「日本には絶対に勝てない」と思い込み、日本を下から見上げていた韓国人。彼らは今、その鬱屈を精いっぱい晴らしている。

２０１２年８月、李明博大統領が竹島に上陸した。ソウルに戻っての演説で「日王の謝罪」も要求した。韓国社会にあふれる「日本を超えた我々は、もう日本に遠慮する必要はない」という気分を形にしてみせたのだ。実際、竹島訪問直後、同大統領は「国際社会における日本の影響力は以前ほどではない」と周辺に語っている。

ただ、韓国のにわかな自信がいつまで続くか、少々怪しくなってきた。日本よりも急激なテンポの少子高齢化に直面するからだ。貯蓄率の急減、地価の低迷、さしたる理由のない消費低迷など、症状があちこちで噴出する。下手をすると、1人当たりGDPも日本のように4万ドルまで届かず、2万ドル台で終わってしまうかもしれない。

日本に対する激しい競争心を考えた際、韓国人がそれで満足するとは思えない。日本が仮想敵である中国とは経済面でも距離を置こうとするのに対し、韓国はますます中国の懐に深く入ることで豊かさを維持しようとするだろう。

既に韓国では「これから減る一方の生産年齢人口を補うためなら、中国の労働者を大量に入れればいい」「低迷する地価をテコ入れするために、中国人の富裕層に積極的に不動産を買わせよう」――といった意見が語られ始めた。

第2章は衰退する日本を上から目線で見ながら、中国との一体化で生き残りを図る韓国の姿を描く。

1 自己賛美の後は少子高齢化に気付いて困惑

「7番目の強国」と胸を張る韓国のアキレス腱

「我が国はついに7大強国に入った！」という自己賛美の声が韓国に満ちあふれた。2012年5月から6月にかけてのことだ。同年6月に推計人口が5000万人を超えたのがきっかけだ。ただ、すぐにメディアは冷静さを取り戻し「日本同様、人口の衰退期に入る」と恐怖を語り始めた。

「強国賛歌」に火を付けたのは最大手紙の朝鮮日報だった。同紙は2012年5月28日付で「韓国、世界で7番目に〝20―50クラブ〟入り」「〝後進国〟で初。中国もできなかった偉業を達成」という見出しの大型記事を掲載した。骨子は次の通り。

（1）6月23日に韓国の推計人口は5000万人を超す。

（2）韓国の1人当たり国民所得（NI）はすでに2万ドルを超している。

(3) 人口が5000万人を超し、かつ、1人当たり国民所得が2万ドルを超す国を意味する「20―50クラブ」に加入することになる。
(4) 同クラブに入っているのは日本(1987年加入)、米国(88年)、フランスとイタリア(90年)、ドイツ(91年)、英国(96年)の先進国だけで、韓国が7番目だ。
(5) 過去の加入国はすべて1人当たり国民所得3万ドルを突破している。だから、韓国もそうなるだろう。
(6) 韓国の開放性と多様性、復元力が同クラブ加入の原動力だ。韓国人は自負心を持つべきだ。

「20―50クラブ」って何?

記事に違和感を持った韓国人もいた。「来月から我が国は強国になります、と突然言われても……。これまで『韓国は小国』と言われ続けてきたのだから」

この記事を読んだ日本人の多くも首を傾げた。

「『5000万人以上が人口強国』という定義は誰が決めたのだろうか」「『20―50クラブ』なんて単語も初耳。ネットの検索エンジンにかけても見つからない。『加入』なんて言うけれど実際に存在するクラブではなく、韓国人が国威発揚のために作り出した仮想概念に過ぎないのでは?」

「韓国は世界で何位」という記事が大好きなこの国の人々のことだ。韓国が上位にのぼれるランキングを、知恵を絞って考え出したと思われる。

人口が5000万人に達するのを機に、それ以上の国を「強国」と規定すれば1人当たり所得は高いものの人口の少ない欧州の小国や、豪州、カナダをランキングから排除できる。一方、所得2万ドルというハードルを設ければ、人口は多いが所得はそれに達していないブラジル、ロシア、インド、中国など新興大国を除くことができる。

市場関係者の見方はもっと手厳しい。「韓国人の資本逃避の阻止を狙った記事」と解説する人が多い。事実、この頃は欧州危機の影響をもろに受け韓国金融市場は不安定な状況が続いていた。

「4月中旬から5月下旬までに外国人が韓国から3兆2600億ウォン（約2210億円）を回収」（聯合ニュース2012年5月24日配信）

資本逃避は外国人の専売特許ではない。通貨危機に陥りかけると、その国の国民が我先に自国通貨を外貨に替えるのが普通だ。韓国紙にも「1997年の通貨危機の際には国民は団結して金の献納運動に取り組んだが、今はとてもそんなムードにはない」との記事が載り、韓国人自身の資本逃避を匂わせていた。

こうした背景から「国民に自信を植え付け、ウォン売り・外貨買いに走らないよう政府がメディアに書かせたのではないか」との疑いを呼んだ。

危機を煽ってきた韓国の他のメディアも、ちょうどその頃から報道姿勢を一転、「世界からうらやまれるほどに韓国人は優秀である」といったシニア記者のエッセイを唐突に載せ始めた。こういった事実と合わせると、ますます怪しく見えた。

もっとも、朝鮮日報のこの記事を「資本逃避防止用」と冷ややかに見たのは一部のアナリストだけで、普通の韓国人からは大歓迎された。

国民の喜びようを見て、李明博大統領もさっそく演説に利用した。6月6日には「第二次大戦後に独立した国で『20―50クラブ』に入ったのは我が国だけ」と大いに誇った。

統計庁も、推計人口が5000万人を超える前日の6月22日に「大韓民国　人口5000万人」という詳細な報告書を発表した。

ほかのメディアもあわてて朝鮮日報の後を追い「強国入り」をうたいあげた。人口が5000万人を超えたと推定される時刻に生まれた赤ちゃんは写真付きでメディアに登場。各メディアの見出しは「〝5000万人ちゃん〟が生まれた」である。

考古学上の発見も「強国」と関連づけられた。6月に先史時代の畑が発掘された。すると、東亜日報は「韓国で中国や日本よりも古くから畑作が行われていた証拠が見つかった。我々は中国文明の影響下で生きてきたとの固定観念を持つが、経済強国になった今、自分たちのルーツについて再考する必要がある」（6月28日付）と国民に訴えた。

〝勧進元〟の朝鮮日報も負けずに「韓国の『20―50クラブ』入りに対し、日本や台湾など周辺国が羨望の眼差しを向けている」（6月23日付）という記事を掲載、ムードをさらに盛り上げた。

「韓国人一人ひとりは日本人や中国人よりも優秀だ。だが、人口が少なく、小国であるため周辺大国にいじめられ続けてきた」との思いをこの国の人々は持つ。統計をいじくりまわしてであろうと「韓国は7大強国だ！」と言い切ってくれる記事に彼らが心を躍らすのは当然だ。

考古学も〝強国〟の視点で研究せよ

「考古学も強国の視点で研究せよ」という東亜日報の主張に対して、日本人のみならず多くの国の人々は違和感を抱くだろう。だが、韓国人の恐るべき自信のなさを知れば、〝強国考古学〟の心情を少しは理解できるかもしれない。

ただ、「人口5000万人超え」の内実が知れるにつれて、メディアの報道は暗いトーンをにじませるようになった。人口統計をよく見ると、外国人労働者の流入と韓国人の長寿化が人口増加の主因であることが分かるからだ。

「統計庁は2006年に発表した人口推計展望で、5000万人時代は到来しないと予測していた。当時は2018年の4930万人をピークに人口が減少すると推計されていた。しかし、その後人口が速いペースで増え、ついに5000万人を超えた。一時、1・04人まで落ちた出生率は昨年、1・24まで回復した。平均期待寿命も延びた。何よりも外国人労働者の流入が5000万人時代を開くのに少なからず寄与した」（中央日報社説6月23日付）

統計庁は報告書「大韓民国 人口 5000万人」でも、予想外の人口増加の構成要因を数量的には示していない。ただ、同庁は「2006年から2010年までの5年間に海外に移民した韓国人の数よりも、結婚や働くために韓国に来た外国人の数が28万3000人上回った」と明らかにしている。その5年間で韓国の総人口は約50万人増えているので、移民こそが人口増の主因と考えていいだろう。

韓国メディアはなぜかこの点を突っ込んで書いていない。外国人労働者は韓国人の嫌がる3K労働に従事する人が多く、韓国の就業構造のゆがみを象徴した存在だ。さらに、最近は世論が外国人の凶悪犯罪に目を向けている。

韓国に住む外国人の過半が韓国系中国人なのだが、罪を犯すとメディアはとたんに中国人に分類する。米国のように移民で人口を増やそう、というコンセンサスは韓国ではまだない。韓国人にとって「移民による人口増」というのは、さほどいいニュースではないのだろう。

出生率に関しても、「2005年に1・04人まで落ちた後2010年に1・24まで回復した」と報告書はいう。だが、2005年の数字は1997年の通貨危機という社会的大変動により結婚が激減した後遺症だ。

それが癒えたといって今後、出生率が本格的な上昇軌道に乗る保証はない。そもそも「回復したという出生率だって少子化で有名な日本よりも低い」（中央日報6月25日付）。

そのため、高齢化の進展も日本より速い。２０１０年の韓国の中位年齢は37・9歳。それが30年後の２０４０年には52・6歳になる。一方、日本は同じ期間に44・7歳から52・6歳だ。

韓国の生産年齢人口（15―64歳）は２０１６年をピークに急減する。２０１０年を１００とした場合、２０４０年には80・2まで低下する。一方、長寿化により１００人の生産年齢人口で養う高齢者は急増し、２０３０年には現在の日本の数字を超えてしまう。

少子化の結果、人口も２０３０年の５２１６万人をピークに２０４５年には５０００万人を割り込んで〝20―50クラブ〟から脱落する。「強国入り」をうたいあげるはずの統計庁の報告書が図らずも明らかにしたのは、恐ろしいまでの急速な少子高齢化の実態だった。

韓国メディアは、今度は一斉に警告記事を載せ始めた。「低出生と高齢化のワナ……。笑っていられない〝20―50クラブ〟」（韓国日報6月22日付）、「〝20―50クラブ〟加入の不都合な真実」（ソウル経済新聞6月23日付）、「人口５０００万人時代　将来はバラ色ではない」（聯合ニュース6月25日配信）。

もちろん、韓国政府もメディアも少子高齢化への対策を唱え始めた。出生率の向上、女性と高齢者の雇用拡大、外国の〝高級人材〟の導入――。だが、それらは先進国が取り組んでいるものの、なかなか効かない対策だ。

少子高齢化への警告は「人口」問題を超え「金融」にまで及ぶ。6月25日付の中央日報によると現代経済研究院は「人口5000万人時代と人口ボーナスの消滅」という報告書を発表した。

この報告書は「2012年に生産年齢人口が総人口に占める割合が73・1％とピークに達した後は、潜在成長率が大きく落ちる。すると、韓国で不動産需要が急減しバブルが消える可能性がある。日本、米国、スペイン、アイルランドの不動産バブル崩壊は、生産年齢人口の割合がピークアウトした後に起きている」と指摘した。

事実、不動産は韓国にとって時限爆弾ともいえる存在になっている。1997年の通貨危機から韓国経済が立ち直った2000年代。韓国人は「地価は上がり続ける」という神話を信じて、借金してマンションを買った。多くが投機目的と言われる。韓国の住宅ローンのほとんどが初めの一定期間は金利だけを払う仕組みだ。不動産の値上がりを見込んだ、米国のサブプライムローンにも似た住宅ローンである。

元本の返済が始まる前に値上がりしたマンションを売り抜ければサヤを稼げる。しかし、返済期を迎えた際に地価が大きく下がっていれば個人は借金を返済できず、金融機関が不良債権を抱えることになる。

日本の20年遅れで不動産バブルが崩壊

韓国がロンドン五輪の金メダルラッシュで沸いていた2012年8月3日、朝鮮日報はそれに冷や水をかける衝撃的な分析記事を載せた。

「住宅価格が2011年末に比べ7％下落すると、19万4000世帯が『限界世帯』（潜在的不良債務者）に陥る。所得の40％以上をローン返済に充てる『限界世帯』が借金を返せなくなれば、金融機関は新たに4兆ウォン（約2800億円）の不良債権を抱える。これは2011年の金融機関の純利益の半分に相当する」

「住宅価格が今後5年間に25％下落した場合『限界世帯』は43万7000世帯、不良債権は31兆ウォン（約2兆1000億円）それぞれ増える。そうなれば1997年の経済危機以上の打撃となる」

同紙によれば、住宅バブルが激しかった首都圏の人気地域では、ピーク時と比べ30～40％値下がりした物件が相次いでいる。新築マンションのうち売れ残り物件は全国に6万2200戸もあり、当初の分譲価格を30％下回る価格で投げ売りされるケースもある。返済不能に陥った個人のマンションが競売に付された件数は、2011年に首都圏だけで3万戸弱に達した。世界同時不況の起きた2008年と比べても2倍に達する。

当然、住宅取引も低迷している。2012年上半期の取引件数は、過去最多だった

２００８年上半期の68％の水準にとどまる。「住宅は買っても値下がりするだけ」と皆が思い始めたのだ。韓国でもついに不動産神話が崩壊した。

政府系研究所の韓国開発研究院（ＫＤＩ）も２０１２年８月３日に、「家計部門の負債償還余力の評価と示唆点」という「懸案分析報告書」を発表した。

報告書は「今後の景気低迷や欧州危機の深化などを考慮し、最悪のシナリオに備える必要がある」としたうえで「返済不能の可能性が高い世帯の数が多いことに注目すべきだ」と警告した。

「韓国の世帯数は１７５７万世帯。この報告書から計算すれば、借金があり、かつ赤字の世帯は（21％弱の）３６５万世帯に達する」（朝鮮日報８月５日付）。

韓国の家計の不良債権問題は以前から不安材料として語られてきた。例えば、経済危機のたびに〝リリーフ投手〟として起用され、火消しに成功してきた李憲宰《イ・ホンジェ》元副首相は以下のように語っている。

「（１９９７年の）通貨危機は企業発の危機で解決法が比較的簡単だった。しかし、現在の危機は家計の負債が原因であるため解決は容易ではない。当時並みに深刻な状況だ。今からでも短期中心の住宅貸し出しを中長期に替えるなど対策に力を入れるべきだ」（中央日報４月19日付）

李憲宰元副首相は「李明博政権は、外貨部門での危機再発を防ぐべきだという考えにとらわれて政策の優先順位を誤った」とも厳しく批判した。

不良債権の増加は徐々に進行するので危機感が起きにくい。また、解決には国民の負担を求めざるを得ない。政権も手を付けにくかった、ということだろう。それが今、経済の縮みが現実のものとなって、ようやく「〝時限爆弾〟が破裂するかもしれない」と皆が騒ぎ始めた構図だ。

「生産年齢人口の減少による不動産バブル崩壊」への懸念は、韓国ではごく一部で語られていたに過ぎない。それが〝20―50クラブ加入論〟を契機に一気に公論化した。20―50クラブ加入論は、韓国社会の抱える問題点を表に出すパンドラの箱のような役目を果たした。〝20―50クラブ〟が国民の資本逃避を抑えるために作られた言葉だったとすれば、皮肉にも逆の効果を生むかもしれない。

2

「日本病に罹った」とついに認めた韓国

株安、低成長、不良債権 ——大嫌いな日本を追う不愉快な真実

「ついに我々も日本病に罹った」——韓国のメディアが書いた。不動産価格の下落に続き、株安、成長率の急減、企業のリストラなど、20年前の日本を思わせる深刻な症状が相次ぐからだ。

最大手紙、朝鮮日報の朴正薫《パク・ジョンフン》副局長兼社会部長が２０１２年11月9日付で書いたコラムが興味深い。見出しは「それほどに嫌いながらも、日本を追う我ら」だ。

東京特派員経験者の朴正薫副局長はこう書き出した。「認知症の妻を殺したソウル文来洞の78歳の老人の事件を見て『来るものが来た』との思いで胸が塞いだ。日本が既に体験している高齢化の絶望的局面が結局、我々にも訪れたということだ……。しかし、韓国は『日本病の回避』という国家的課題では苦戦している」。

日本に詳しい韓国紙の社会部長は「高齢化社会の日本の後を韓国が追う」明らかな証拠

を、ソウルの殺人事件に見出したのだ。

同じ朝鮮日報の、やはり東京特派員だった宋熙永《ソン・ヒョン》論説主幹はその2年ほど前から「現在の不動産市況の低迷は、実は少子高齢化が原因で今後、韓国経済も日本のような長期停滞期に入る」と警告を発し続けてきた。

ただ、宋熙永論説主幹の卓見は韓国論壇の主流にはなかなかならなかった。時を同じくして、韓国人は「ついに日本を追い抜いた」と祝杯をあげていたからだ。

バブル崩壊後の日本と瓜二つ

赤字に陥った日本のライバルをしり目に、世界市場で快進撃を続けるサムスン電子や現代自動車。長い間「絶対に日本企業には勝てない」と思い込んでいた韓国人にとって、夢のようなできごとだ。

大地震への対応で後手に回った日本の民主党政権。それに対して、韓国政府はG20など国際会議を続々と主催した。この両国政府の差は「統治能力でも韓国が上回った」ことの〝確かな証拠〟として語られていた。

「あの、憎らしい日本に勝った!」と皆で祝っている最中だったから「日本病に罹るぞ」などという不愉快な予言は、誰も聞こうとしなかったのだ。

しかし今、朴正薫副局長の記事と前後して韓国メディアは「日本病に罹った」という趣旨の記事を一斉に載せ始めた。不動産価格が依然として下がり続けるうえ、株まで大きく下落したからだ。さらには、経済成長率の急速な鈍化など、状況が「バブル崩壊後の日本」と似てきたためだ。

韓国人にショックを与えたのは、２０１２年７―９月の実質経済成長率が前期比で０・１％、前年同期比で１・５％の低水準に留まったことだ。

右肩上がりに伸び続けてきた韓国のＧＤＰ。四半期ベースで「前年同期比」が２％以下に陥ったのは第２次オイルショック（１９８０年）、ＩＭＦ危機（１９９８年）、世界金融危機（２００８―09年）の３回だけだ。[1]

中央日報の社説（10月27日付）は説く。「過去３回の低成長は一時的な、外からの衝撃によるものだった。しかし、今度は（外からの）特

韓国四半期別成長率の推移

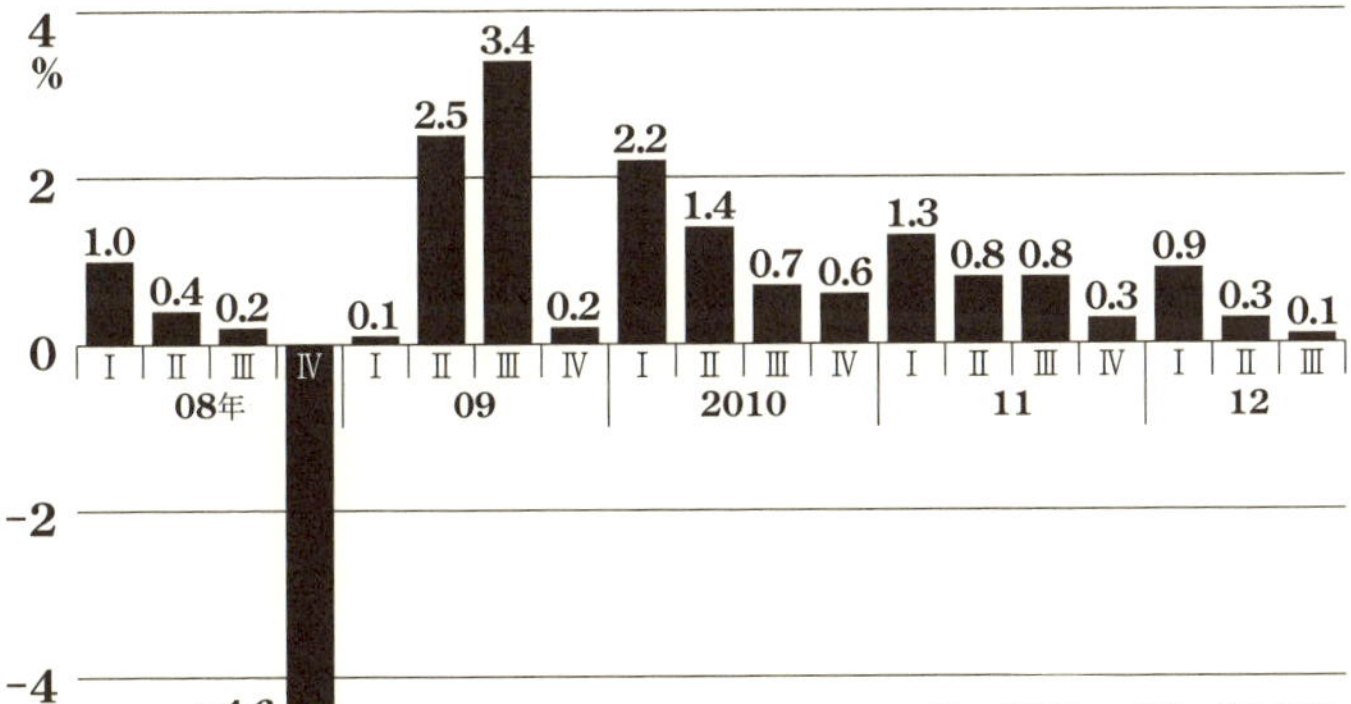

注：前期比　出所：韓国銀行

別な危機ではない。構造的な低成長時代に入ったのではと疑わせる」。「日本病」という単語は使っていない。だが、成長率の鈍化は景気変動などではなく、日本と同じ少子高齢化による病と見たのだ。

堅実な予測をすることで定評のある韓国銀行がこのところ、成長率見通しを見誤り、下方修正し続けている。韓銀の予想以上に消費や投資といった内需が伸び悩んでいるからだ。日本の2012年7―9月期の実質成長率は前期比でマイナス0・9％となった。日本では「海外経済の減速で輸出が細ったうえ、エコカー補助金の終了により内需も弱まったから」とその理由が明確に認識されている。

韓国の場合は、輸出も減ったが輸入がそれ以上に減っており、「純輸出」はGDPの増加に寄与している。海外が原因ではない。

一方、韓国の消費の低迷は根深い。2012年10月の百貨店売上高（暫定値）は前年同月比1・3％減少した。これで5カ月連続の落ち込みだ。同月の量販店売上高（同）は同7・4％減。4月から8月まで減り続けたが、いったん9月に同0・2％増と水面上に顔を出した。それがまた大きく沈んだ。

この消費低迷に関しては日本の「エコカー」のようにはっきりとした原因は見当たらない。となると、「少子高齢化による経済規模の縮小」が〝主犯〟として疑われる。

韓国の生産年齢人口（15―64歳）が全人口に占める比率は2012年に頂点に達し、後は下がっていく一方だからだ。

東亜日報は11月12日付で「韓国の生産年齢人口の減少速度、世界最高」との見出しの記事を掲載した。経済協力開発機構（ＯＥＣＤ）の報告書「世界経済長期展望」を引用した記事だ。

それによると、韓国の生産年齢人口の比率が２０１１年の72・5％から２０６０年には52・３％へと急落する。34のＯＥＣＤ会員国と、８の重要な非会員国の中でもっとも大きな下落幅だ。

このため、韓国の２０３１年から２０６０年までの年平均の成長率（購買力基準）は１・０％に過ぎず、ルクセンブルク（０・６％）に次いで2番目に低い。ちなみに、日本はフランスと同じ１・４％で、韓国はその後塵を拝する。

土地神話の崩壊で「老後難民」が発生

「日本病」の典型的症状と指摘される不動産価格の低迷も深刻さを増す。国民銀行の調査によると、ソウルの住宅価格は２０１２年1月から10月までに2・４％下がった。ＩＭＦ危機の１９９８年（13・２％）以降、最大の下げ幅だ。

９月の取引件数も２０１１年同月の半分程度で、不動産市場が冷え切っていることを示した。政府が様々な対策を打つが、２００８年をピークに不動産価格はだらだらと下がり続けている。

「不動産市況の低迷は少子高齢化――もっと厳密に言えば、主に住宅を買う生産年齢人口の減少が原因である」という宋熙永論説主幹の警告が正しいことが証明された。

韓国の不動産価格がことさらに注目されるのは、不動産ローンが米国のサブプライムローンに似て、少しでも値下がりすると大量の不良債務者を生みかねない構造だからだ。「不動産は絶対に下がらない」との神話が日本以上に根強かった韓国では、ことに高齢者が利殖目的で借金して不動産を購入するケースが多い。年金制度の不備を個人で補うためでもある。

しかし、土地神話の崩壊が彼らを直撃し始め、住宅を手放すか、生活費を借金に頼る羽目に陥る「老後難民」がこれから大量に発生する可能性が強い（朝鮮日報11月11日付）。

韓国各紙は11月4日「韓国の全負債額が3000兆ウォン（約221兆円）に迫る」と一斉に報じた。「全負債額」とは政府、企業、家計の3経済主体の負債額をすべて足したものだ。

いずれの経済主体でも負債が増えているが、聯合ニュースは「一番深刻なのは家計」との専門家の意見を紹介した。家計の負債総額は1000兆ウォン（約77兆円）を超え、GDPの88・5％に膨れ上がるなど「時限爆弾」化している。

3カ所以上から借り、いずれ返済に困難をきたすと見られる多重債務者が全人口の6％

以上の316万人もいる。2012年の大統領選で、有力候補が皆「公的資金を投入して多額債務者を救う」との公約を発表したのも人気取りだけではない。急増する家計負債が金融システムを揺らしかねないからだ。

韓国人が「低成長時代の到来」を実感したのは、多くの企業が日本企業のように縮み始めたからでもある。世界一の建造量を誇った造船産業で、2012年には廃業が相次いだ。最大手の現代重工業も創業40年にして初の希望退職者を募集した。

石油化学、自動車、輸送などの業種でも希望退職が始まっており、「現代重工業の希望退職が産業界の大規模リストラの引き金になる」（朝鮮日報10月23日付）と見る向きが多い。

各社のリストラは「長期的な不況が到来する」との読みからだ。ただ「韓国企業は、以前は世界的な不況に直面しても攻撃的な投資を行い、世界シェアの拡大に成功した。しかし、今回は完全に異なる。多くは投資を手控えている」（朝鮮日報11月12日付）。

韓国の経営者も、生産年齢人口＝労働力の減少という新しい状況に直面し、国内の生産能力縮小には躊躇しなくなったのだ。

白川日銀総裁まで引用して恐ろしさ強調

2012年10月下旬から11月半ばまで「日本病に罹る」という趣旨の記事が韓国メディアにあふれた。ついに、というべきか、11月7日に韓国銀行がそれを認める論文を発表した。

「人口構造の変化と金融安定の関係」という調査報告書だ。以下は、巻頭の「要約」の一部だ。

「1960年から2010年までのOECDの27カ国のデータを分析した結果、生産年齢人口の比重が下がれば、成長率と1人当たりの所得が下がる可能性が大きいことが分かった。そして、株価、不動産価格など資産価格の上昇率も下がる……」

次ページの「研究の背景」という項では次のように分析した。

「日本は1990年代初めに生産年齢人口の比重が減り始めた。この時期に資産価格が下落し始め、その結果、金融の不安定がもたらされた……」

そして脚注では「日本銀行の白川総裁も2011年に『生産年齢人口の比重が減る時点の前後に、人口ボーナスがオーナスに変わる』と言及している」と書いた。隣国の中央銀行総裁まで〝動員〟して「日本病」の恐ろしさを強調したのだ。

(1)：韓国銀行は長い間、成長率の変化を「前年同期比」だけで表してきた。季節調整用データの蓄積が乏しかったためと見られる。そこで「前期比」が公表されるようになった今でも、過去の成長率を語る際は「前年同期比」が用いられることが多い。

第2章

3

【対談】『老いてゆくアジア』の大泉啓一郎氏に聞く

日本より重い「日本病」に罹った韓国

大泉　鈴置さんの「『日本病に罹った』とついに認めた韓国」という記事はとても新鮮でした。「韓国社会が高齢化をようやく自分の問題として考え始めた」ことを意味するからです。さっそく講演などで紹介しました。日本は別として、アジア諸国では高齢化への危機感がなかなか生まれない。早く手を打つべきなのに、と気になっていました。ただ、「日本病」というネーミングには奇妙な感じを受けましたが……。

鈴置　「日本病」と名付けたのは私ではありません。韓国における名付け親は、朝鮮日報という最大手紙の社会部長氏と思われます。

韓国人は日本を、活力を失いどんどん沈滞していく哀れな国と見ています。半面、自画像は「日の出の勢いの国」。1人当たりGDP（国内総生産）で――購買力平価ベースですが――数年内に韓国が日本を追い抜く、との予測もあります。

「日本に勝った」と祝杯をあげていたところに韓国の高齢化が進み、その症状がどっと現れた。今、韓国人の間に「あの、どうしようもない日本になってしまうかもしれない」という恐怖感が頭をもたげた。そんな気分が「日本病」という表現を生んだのでしょう。

――普通の人はともかく、アジア各国の人口問題専門家が高齢化を研究したりしないのですか。

大泉　さすがに専門家の間では関心が高まっています。最近になってですが、人口問題の国際シンポジウムを開くから「人口動態が社

日中韓の高齢化比率の比較

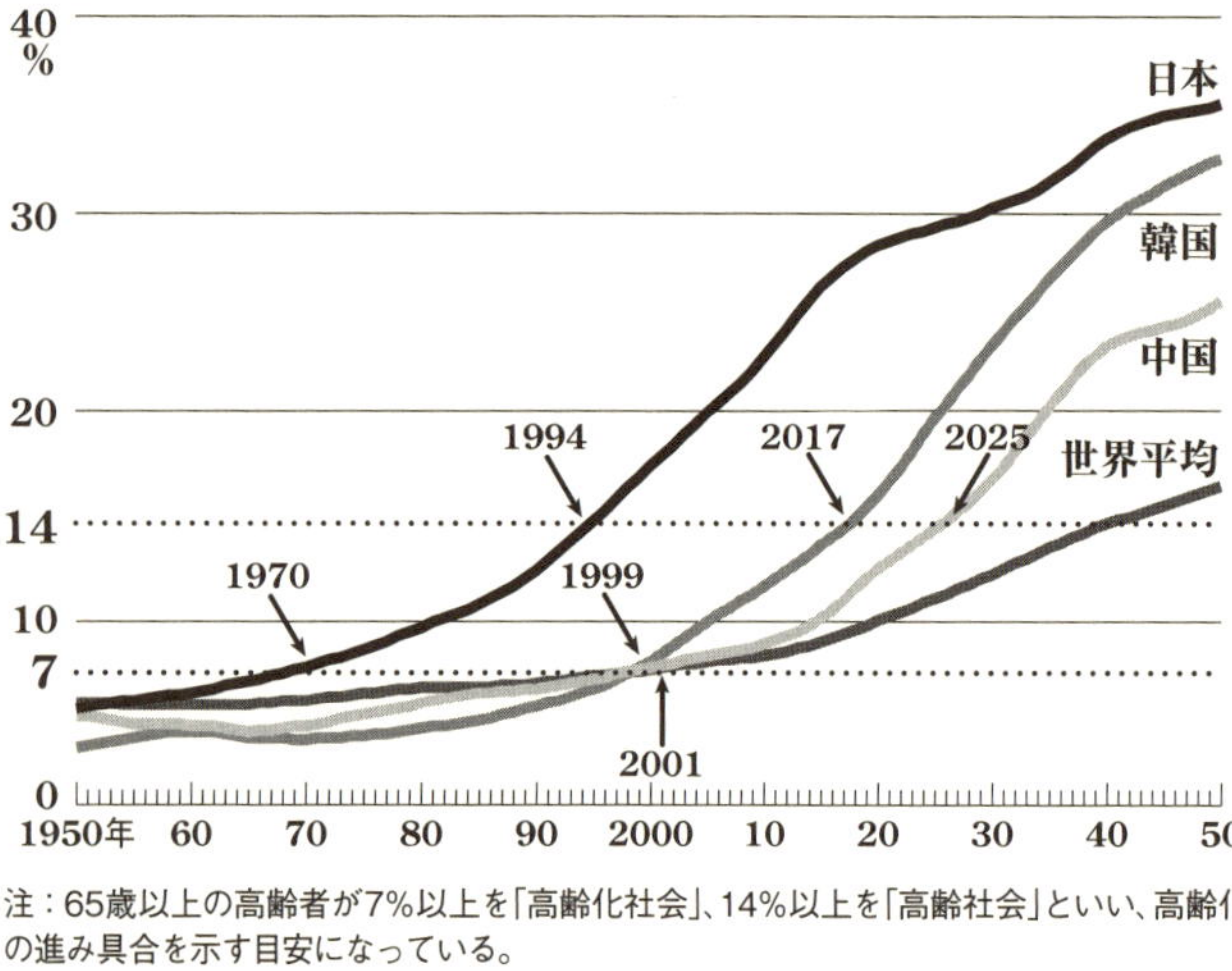

注：65歳以上の高齢者が7%以上を「高齢化社会」、14%以上を「高齢社会」といい、高齢化の進み具合を示す目安になっている。
出所：国連「World Population Prospects：The 2010 Revision」から大泉啓一郎氏作成

会や経済に及ぼす影響」について講演してくれと頼まれることが増えました。

面白いのは、同じアジア人といっても反応に差があることです。講演すると、中国、韓国、台湾の専門家は真剣な顔で、高齢化の先進国たる日本の苦境を聞いてくれる。一方、南アジアや東南アジアの人の表情はまだ「世界にはそういう問題もあるのだな」といった感じです。

――インドが65歳以上の高齢者が14％いる「高齢社会」を迎えるのは30年以上も先のことと予測されています。まだ、人ごとなのでしょうね。

鈴置 でも、大泉さんが2007年に出された『老いてゆくアジア』で警告を発したように、タイは2022年には高齢社会に入ります。すでに2001年には、65歳以上の高齢者が7％いる「高齢化社会」に突入しています。日本もそうでしたが、タイにしろ、あるいは韓国にしろ、なぜ、自分の「老い」に気がつくのが遅れるのでしょうか。

大泉 いい質問です。それに答える前に、簡単に「人口ボーナス」と「人口オーナス」について説明します。まず、15歳から64歳までの人の数を「生産年齢人口」と定義します。

ちょっと前まで、経済成長と人口との関係を考える時、人口全体の規模や増減のデータを使っていました。1990年代後半から、人口の内訳と言いますか構成を見ればより精密に分析できるだろう、という考え方が広まりました。

そして、経済活動できる人が何人いるかというデータに着目したのです。これが生産年齢人口です。一方、それ以外の人々——14歳以下と65歳以上の人々の合計数は「従属人口」と呼びます。

全体の人口に占める生産年齢人口の比率が上昇すれば経済成長にプラスの影響があるはずです。そこで、この効果を「人口ボーナス」と呼びます。反対に、従属人口の比率が高まればマイナスの影響があるわけで「人口オーナス」と呼びます。

——確かに、生産に参加できる人の数が増えれば「プラスになることが多い」と言えるでしょうね。でも、生産年齢人口比率が上がっても、実際に職が増えなければ成長には寄与しないと思います。

最も活力があふれるのは「老い始め」

大泉　ええ、人口構成の変化が経済成長のすべてを決めるわけではありません。ご指摘のようなケースもあり得ます。ただ、「生産年齢人口」など絞り込んだデータを通じて経済社会を分析すると、とても重要な問題点が浮かび上がってくるのです。

ご質問の「なぜ、人々は社会の老いに気づくのが遅れるか」に戻ります。ある社会で人

日中韓の従属人口比率の推移(中位推計)

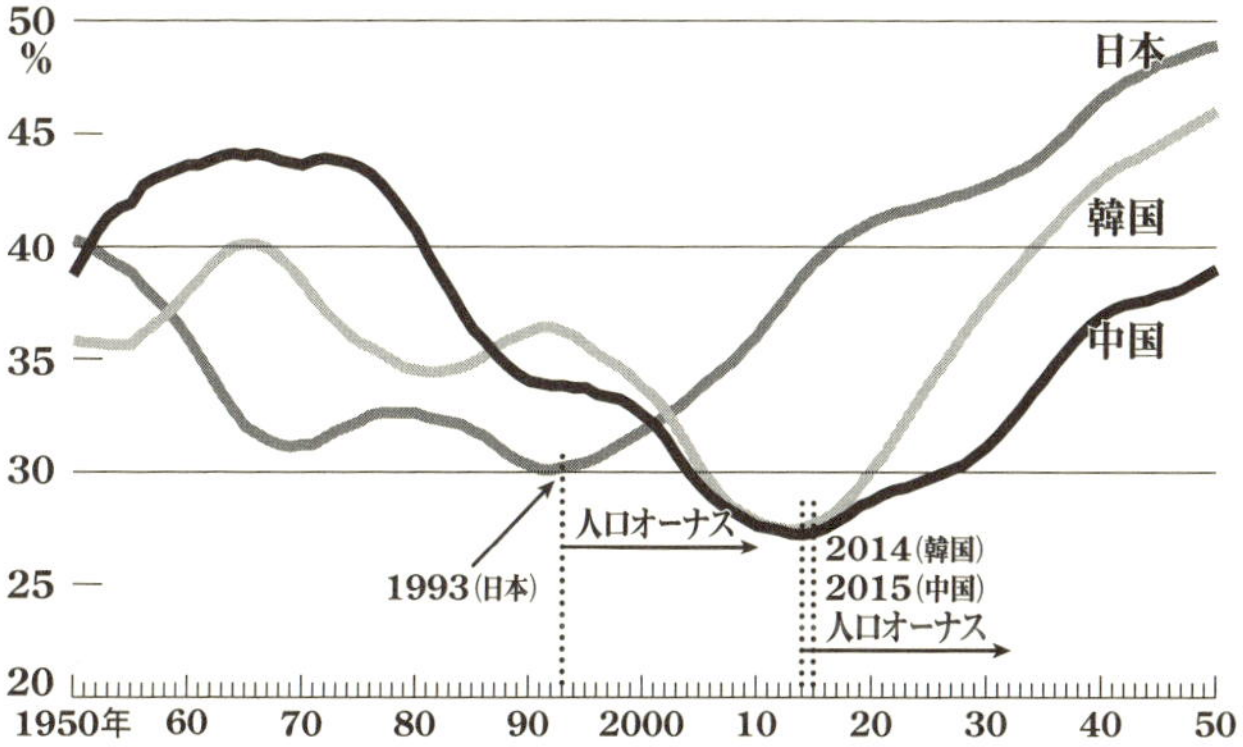

注：従属人口比率は0～14歳と65歳以上の人口の比率
出所：国連「World Population Prospects：The 2010 Revision」から大泉啓一郎氏作成

口構成が経済成長にマイナスに働く「人口オーナス」の時期の始まり——「始点」は、生産年齢人口比率が一番高い時点——つまり社会に最も活気がある時です。その時点で、高齢化や経済の減速を想像するのは困難です。

それに生産年齢人口比率が高ければ、国内貯蓄も高まります。この高貯蓄——つまりは豊かな資本がしばらくは成長を支えることになります。時には経済がバブル化します。日本を例にとれば、１９８０年代後半から１９９０年代前半のバブル期に当たります。当時、誰がその後の停滞を予想できたでしょうか。なお、生産年齢人口比率のピークは、日本で１９９３年、韓国は２０１４年[1]、中国が２０１５年です。

――なるほど、日本はバブルが崩壊した直後の１９９３年が「オーナス」の始まりだったのですね。韓国の「オーナス」開始は２０１４年で中国が２０１５年。中韓も、もう目前ですね。

大泉　「老いに気づくのが遅れる理由」はもう１つあります。政策決定に携わる政治家や官僚は若者が集まる都市に住んでいることが多い。すると、どうしても高齢化を実感しにくくなり、対策が遅れます。私がインタビューしたタイの官僚も、最近まで自国の高齢化を正確に把握していなかった。バンコクに住んでいれば高齢化を感じることは難しい。

日本だってそうでしょう、渋谷の交差点に立っている限りは、「失われた20年」や「高齢化ニッポン」を想像できない。ところが、田舎では高齢化は１９８０年代から深刻な問題になっていた。街の風景が30年以上も変わっていない地方だってあります。ここに高齢化への対処の難しさがあります。

鈴置　韓国の少子高齢化は「日本を追う」と見ていいのでしょうか。

大泉　そんなに単純ではありません。高齢化の速度がもっと速いうえ、年金など対策が十分になされていない。韓国は日本より重い「日本病」に罹る可能性が高い。高齢化が高速なのは、韓国では出生率がそもそも低水準にあるところに、それが急速に低下しているからです。

韓国の高齢化率は、2010年11・1%。これが2020年には15・7%、2030年には23・3%と急速に上がって、日本との差は縮小する見込みです。つまり韓国の高齢化のスピードは日本より速いのです。「高齢化社会」から「高齢社会」になる——高齢化率が7%から14%になる——のに、日本は24年かかりました。韓国はそれが18年。おそらく世界一のスピードでしょう。

今後、世界が経験したことがない速度で高齢化が進む韓国では何が起こるか予測もつきません。これまで

都市化率の比較

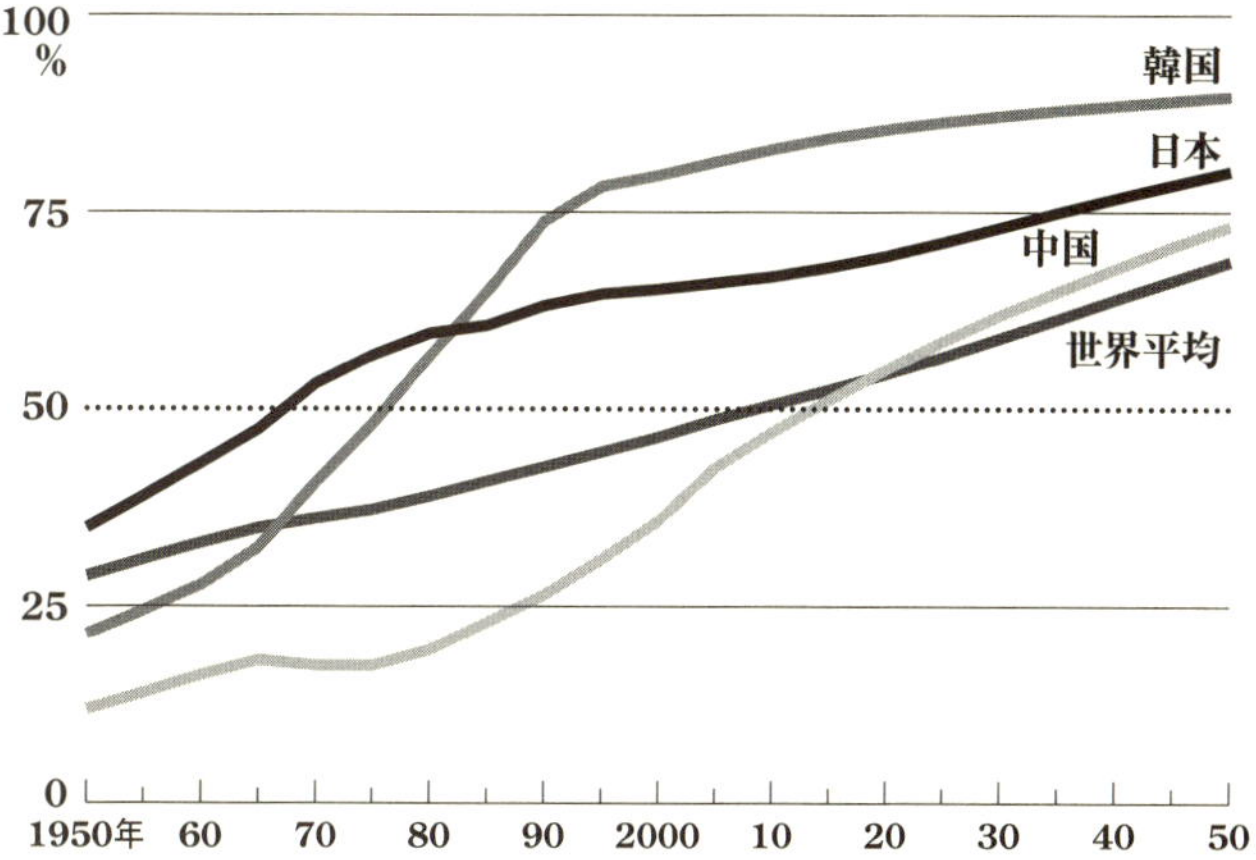

出所：国連「World Population Prospects：The 2010 Revision」から大泉啓一郎氏作成

の他国の経験も役に立ちません。

韓国はどのように高齢化に立ち向かい、高齢社会を構築するのか――。現在は「反面」も含め、日本が韓国の教師ですが、近いうちに韓国が日本の先生になるでしょう。日韓がともに直面する高齢化問題を共有し、協力して打開策を見出すことが必要です。韓国で注目しているのは日本以上に都市化率が高いことです(前ページのグラフ参照)。

鈴置　このデータはソウルへの一極集中を反映しているわけで、韓国社会の欠点として指摘されることが多いのですが……。

大泉　高齢化の時代にはそれが負担の軽減につながる可能性があります。医療サービスひとつとっても、高齢者が広い範囲に点在するよりも一カ所に集中して住んでいた方が、はるかに低いコストで済むからです。これをうまく活用し、韓国独自の高齢社会を作る手があるのかもしれません。

政府に頼らぬ姿勢が裏目に

――韓国の年金制度はどうなっていますか。

鈴置　まず、公的年金ですが、給付額は日本円換算で数万円と言われています。保険料も少ないし税金も充てられない半面、給付水準も低い「低負担・低給付」方式だからです。

１９８８年に制度が始まり、国民皆保険となったのが１９９９年であるなど「制度が若い」という理由もあります。

一般に、企業の退職金を足しても生活できる水準にはないとされています。そこで収入があるうちにマンションを複数購入し、それを貸して老後の生活費に充てる人が相当にいます。

ただ、今やこの、政府に頼らぬ自己防衛方式が裏目に出ています。少子高齢化につれ、不動産価格は下がるもの。韓国には既にその症状が現れています。

自己資金だけでマンションを買った人はまだいいけれど、そんな人ばかりではない。利殖が主目的ですから借金して買い、それを担保にしてまた買う人が多い。こういう人は借金が返せなくて困ります。

韓国では「チョンセ」という、賃貸料を毎月受け取るのではなく、マンション価格の数割を保証料として預かるシステムが普通です。金利が高かった韓国では家主はこのおカネを運用して収入を得ました。ですから「チョンセ」と銀行の不動産担保融資を利用して不動産をどんどん買い増すことも可能だったのです。

――右肩上がりの時期ならともかく、今や危ないですね。

鈴置　極めて危険です。まず、社会問題化します。収入のない高齢者が借金を返せなくなる。持ち家をすべて売り払って住む場所もなくなる人が出てくる――と韓国紙は警告しています。

もう1つは金融の不安定を呼ぶ可能性があることです。この個人の不良債権問題はとても根深いので、金融システム全体を揺さぶるかもしれません。借金を返すために高齢者が不動産を売りに出すため、さらに地価が下がるという悪循環も始まっていますし。

大泉　急増する高齢者に向け、日本のような手厚い年金や医療制度を構築すれば、近い将来、韓国の財政が破たんすることは確実です。これは韓国政府もよく分かっています。

鈴置　韓国の財政当局は日本の不気味な先例を非常によく研究しています。2012年春の総選挙では各党が競って「ばらまき」を約束しました。それに危機感を深めた財政当局は、各党の公約に警告を発したため、選挙違反として告発されました。もちろん、覚悟の上だったと思います。一方、政治家は選挙で票を貰わなくてはいけません。2012年12月投票の大統領選挙でも、各候補はしっかりと「ばらまき」を約束しました。

大泉　韓国でも、決して十分ではない年金や医療サービスしか提供できないことを、国民にどう納得させるかという政治的な課題が今後、必ず浮上します。

鈴置　韓国では最近になってようやく「日本病に罹った」と騒ぎ始めました。でもまだ、成長率を上げれば乗り切れるとの発想が圧倒的に多数派です。日本風に言えば、「上げ潮派」

ばかりなのです。「国民への説得」に至るには相当な時間がかかると思います。

私は結局、韓国は中国などからヒトを大量に導入することで、「人口オーナス」の乗り切りを図ると睨んでいます。高齢化に伴う労働力の不足に関して韓国人に対策を聞くと「北朝鮮の人間や中国人を活用すればいい」という答えが返ってくることが多いのです。

韓国紙の不動産専門記者が日本に関して、こんな記事を書いたことがあります。

「日本は衰退の一途をたどるだろう。地価が下がって困っているくせに、仙台や新潟、名古屋などで中国の政府や資本が大規模の土地を買おうとすると反対運動が起きる。韓国の済州道などが、中国人に不動産を積極的に分譲しているのと全く反対だ。日本のように閉鎖的な国には未来がない」

韓国は定住外国人には地方参政権を与えています。一部自治体は外国人に不動産を積極的に買わせています。国際化や産業振興が目的ですが、いずれも地価対策として活用されていくでしょう。

大泉 「オーナス」の負担軽減を安易に国外に求めるのは、あまり感心しません。外国からヒトを連れてくることを考えるなら、まず、自国の女性や高齢者が働きやすい環境整備を進めるべきと思います。

鈴置 たぶん、多くの日本人も大泉さんのように考えるでしょう。人口問題に関しても日本と韓国は異なる道を歩むのだろうと思います。

韓国人は生き残るためには中国に従う覚悟を固めた。すると、移民問題に関しても「どのみち中国の属国状態に戻るのだから、中国人にどんどん来てもらい経済の衰退を防ごう、あるいは経済規模を拡大しよう」という空気になるわけです。

一方の日本人は中国の支配下で生きたことのない人たちですから、中国に従うことは到底受け入れられない。日本の国体を揺さぶりかねない大量の中国人の受け入れには、どこかで歯止めをかけるでしょう。そのために「オーナス」の負担が少々大きくなったとしても。

そこで中国に話題を移します。「尖閣」での鍔迫り合いが始まった後、中国の高齢化に関心を寄せる日本人が増えました。「中国の軍拡に対抗するには経済の規模拡大が不可欠。少子高齢化でそれは難しいが、中国だって少子高齢化で成長が頭打ちになる日が来るはず。そこまでじっと我慢する手もある。では、それはいつだろう」という思考経路です。

大泉　私も、そんな問題意識からの質問を受けるようになりました。実は、韓国ほどの速度ではないにしろ、中国の高齢化もこれから加速します。2010年の高齢化率——65歳以上の人口が全人口に占める割合——は8・2%。これが2020年には12・0%、2030年には16・5%まで上昇します。

実数で言えば高齢人口は、2010年時点で1億2000万人、2050年には3億3000万人に達します。この時点の高齢化率は25・6%です。

――中国の高齢化にも恐ろしいものがありますね。「比率」が高いだけではなく、総人口が大きいだけに「実数」が巨大です。

3億3000万人の高齢者を抱える中国の衝撃

鈴置 1つの国に、生産をほとんど担わない65歳以上の人が3億3000万人もいるなんて想像できません。歴史始まって以来の現象でしょう。

大泉 そこが注目すべきポイントです。さらに、中国の高齢化の問題解決を困難にする事実があります。高齢化が著しく進む地域が、所得水準も生産性も極めて低い農村部だということです。

日本や韓国では戦後のベビーブーム世代――1つの塊と見なすと分析しやすいので、私は「人口塊」と呼びます――が田舎から出てきて、今も都会に住んでいます。一方、中国の「人口塊」は農村にとどまったままなのです。

――なぜ、中国では「人口塊」が農村に残ってしまったのでしょうか。

大泉 日本や韓国では「人口塊」が労働市場に参入した時期と、高度成長に突入した時期がほぼ同時でした。当時の若い「人口塊」は都市に移動して労働集約的な産業に従事し、安価な製品を生産、輸出し、経済成長の基礎を作りました。

中国でも1960年代から1970年代までに生まれた「人口塊」が存在します。1958年から1961年までの大躍進運動で大量の「非正常死」が出た直後、それを補うかのように出生率が急上昇したからです。

実は、1982年の一人っ子政策開始までに出生率は落ちており、この「人口塊」が中国の第1次ベビーブーム世代をなしま

中国の人口ピラミッド（2010年）

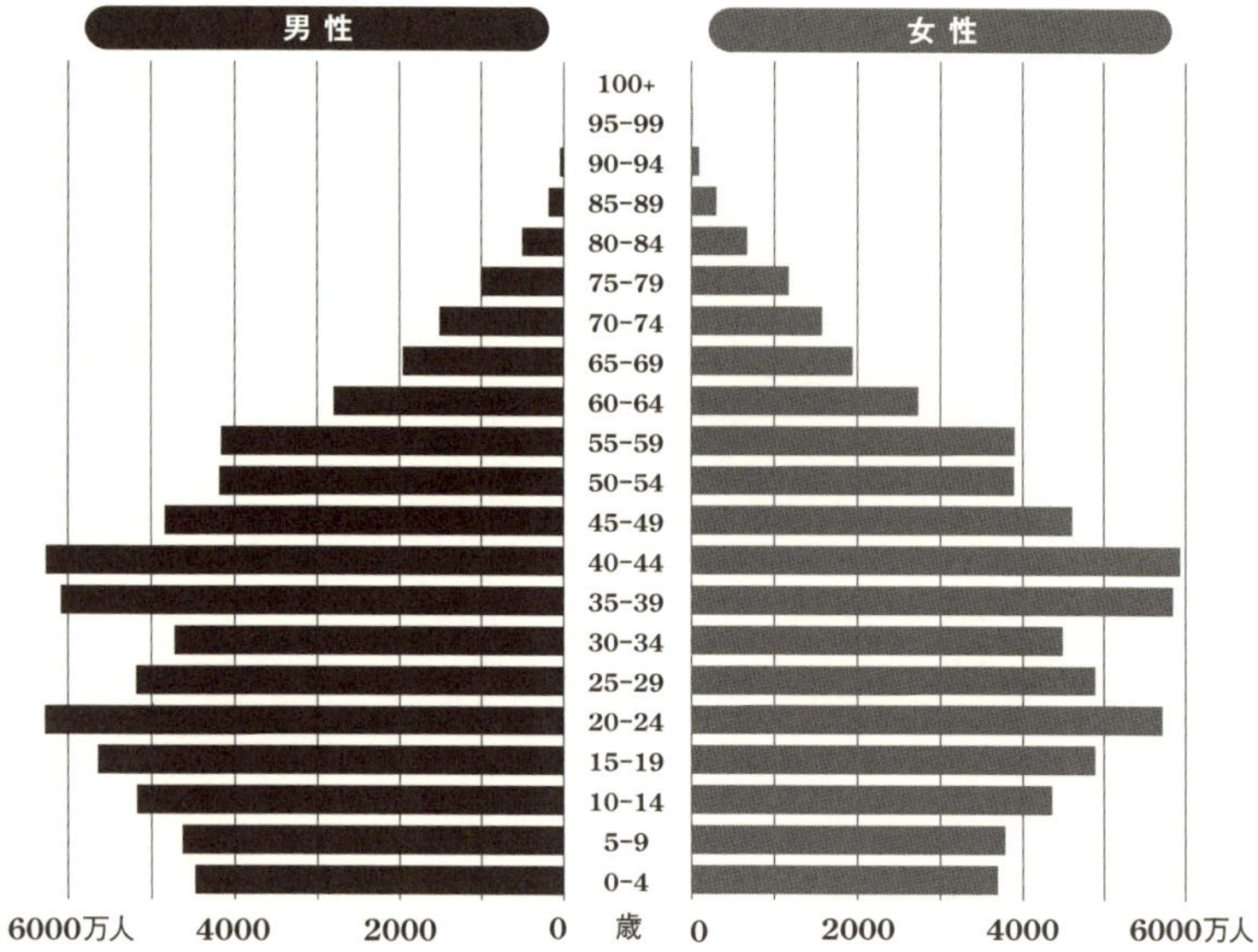

出所：国連「World Population Prospects：The 2010 Revision」から大泉啓一郎氏作成

す。今やその先端は50歳代に突入しています。

彼らが労働市場に参入した時、中国はまだ計画経済下にありました。重工業優先の工業化でしたから、都会が必要とする労働力はさほど多くありませんでした。労働集約的な軽工業もありましたが、その担い手である民間企業の経営、例えば従業員数を政府は厳しく制限しました。さらに、農村からの労働力の移動を減らすため「戸籍制度」を導入しました。その結果、大きな「人口塊」が農村に残ったのです。

1978年の改革開放政策の後に、特に90年代半ば以降に、中国の沿海部で労働集約的な産業が急成長し、農村から大量の出稼ぎ、いわゆる農民工が発生しました。

彼らは第2次ベビーブーム――「第1次」の子供の世代で1980年代から1990年代前半生まれの若者でした。彼らはもう1つの「人口塊」をなしています。一方、「第1次」の人々は農村に住み続けたのです。

データで見ても農村の高齢化は著しく、2000年の7・5%から2010年には10・1%に上昇しています。重慶市の農村部のように8・2%から14・5%に跳ね上がったところもあります。これに対し、都市部の平均では6・4%から7・8%へと比較的に穏やかな上昇率を示しています。

中国では高齢化問題を語る時「未富先老」――豊かになる前に老いる――という言葉を使います。「西欧や日本は社会全体が豊かになった後に高齢化したので、過去の蓄積で解決できる部分もある。だが、中国が高齢化の問題を抱えた時には蓄えがない。何とかしなくては」という意味です。

もっとも、それは未来の話ではないのです。農村では、すでに「未富先老」が現実となっている。

鈴置 では、これから膨れ上がり続ける農村の巨大な「人口塊」を誰がケアするのでしょうか。

大泉 都市に行った子供が親の面倒を見ればいい、という人がいるかもしれません。でも、彼らはできることなら農村に戻らないでしょう。子供の教育など都市の方がはるかに有利な生活環境を享受できるからです。

結局、公が農村の「人口塊」の人たちに介護サービス、そして医療サービスを提供する必要がでます。しかし、農村の「人口塊」の数はあまりに膨大で、都市は彼らの生活を支えるのに十分なおカネを提供できない可能性があります。

豊かになった上海や北京の人口はそれぞれ2000万人前後です。内陸部の都市をかき集めても、農村を支援しうる都市人口の合計は、3億人に満たないでしょう。その力で残る10億人の地域の、深刻化する一方の高齢化を支えるのは事実上不可能です。

鈴置 医療サービスなどを十分に提供しない。つまり、病院に連れていけば助かるはずの、農村の「人口塊」を見殺しにしていくということですか。ある意味で「姨捨て」ですね。

大泉　そういうことです。

中国は解決不可能な高齢化問題に直面する

鈴置　ということは、現在、予想されているほどに中国は高齢化しないかもしれない。高齢者を「姨捨て」していくわけですから。となると、日本の一部にある「高齢化による成長鈍化で、中国の軍拡に歯止めがかかる」という期待も空振りとなるわけだ。

大泉　ええ、「農村での平均寿命が予想ほどに高くならないので、中国は相当な程度の成長を今後も維持できる」と見る人も多いのです。でも、それは国家の敗北です。手当てすれば生存できる国民の命を政府が見放した結果ですから。

鈴置　「平均寿命を延ばすか、軍艦を増やすか」の選択を中国の指導者はいずれ下す、ということですね。直感的には中国は後者を選ぶ気がします。人権意識が薄い国だから「手当てしない」ことが問題にはなりにくい。直接、政府が手を下して殺すわけでもない。不作為の作為によって高齢者を減らすのですから。

大泉　まだ、どうなるかは分かりません。今後の対処次第だからです。ただ、繰り返しになりますが「中国では、解決不可能なほどの高齢化問題に直面する」ことは間違いありません。

2000年と2010年の人口センサスを用いて各省・市・自治区の都市と農村別に、

地域別都市・農村の高齢化

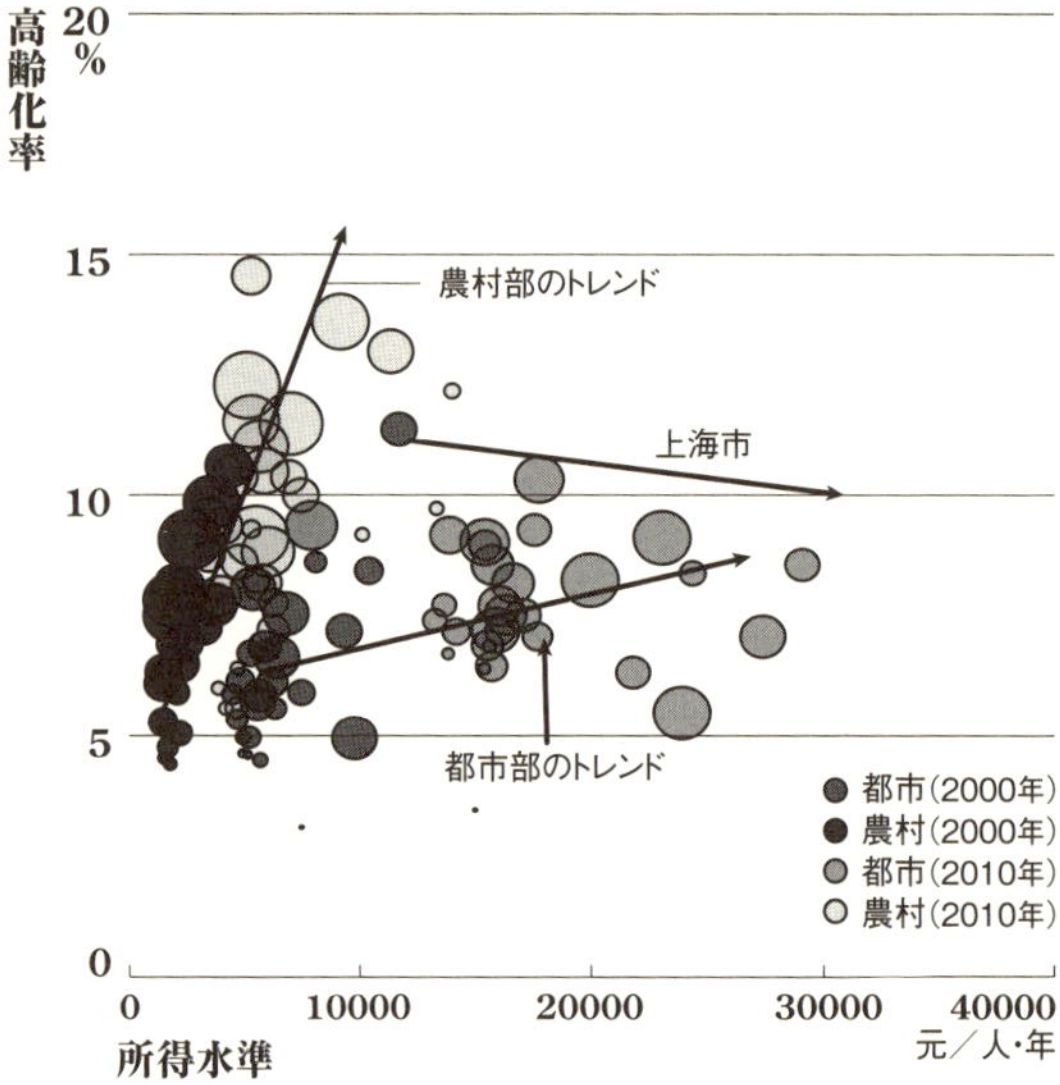

注：円の大きさは高齢人口の規模
出所：国連「World Population Prospects：The 2010 Revision」から大泉啓一郎氏作成

高齢化率と所得の変化の関係を見たものです。円の大きさは高齢人口の規模を示します。

都市部においては、この10年間で所得水準が大幅に上昇したため、円が右側に大きく移動しています。しかし高齢化率の進展は遅く、上方への動きは緩慢です。

他方、農村部においては、所得水準の伸びは小さく、円は左側に固まったまま。しかし高齢化が着実に進み、上方に大きくシフトしています。円も大きく、農村が高齢人口を大量に抱えていることが分かります。

成長が期待される東南アジア諸国連合（ASEAN）の国々も全く同じ問題を抱えています。私は1つの国の中でも所得水準の低い地域で高齢化が深刻化することに、もっと注意を払おうと訴えています。起こるべき危機のありかがわかっているのですから、各国政府は直ちに行動すべきです。

アジア向け援助は都市のインフラ整備と若者の教育向上に主眼が置かれています。でも、農村に住む中高年の生産性を高めることも重要です。ただ、国際機関はこれを見逃しがちです。持続的な成長を目的にするなら、日本はこの観点でも支援すべきです。

鈴置 高齢化は、それぞれの社会の持病を激化させるのですね。では「都市と農村の格差」と並び、中国の弱点である「沿海部と内陸部の格差」にも高齢化の影響は及んでいるのですか。

大泉 もちろんです。中国の省・市・自治体ごとの高齢化率ランキングを見ると、2000年に最も高齢化率の高かった上海市は、2010年には6位に下げている。しかも、高齢化率は11・5%から10・1%と低下しています。沿海の都市部は若い人口が流入するため、高齢化が深刻化しない。一方、内陸部の重慶市は2000年に7位でしたが、2010年には1位。高齢化率も8・0%から11・7%と3%ポイント以上も上昇しています。

中国の高齢化率の上位10省・市・自治区

2000年

		全体	都市	農村
1	上海市	11.5	11.3	12.6
2	浙江省	8.9	7.2	10.6
3	江蘇省	8.8	7.5	9.8
4	北京市	8.4	8.4	8.4
5	天津市	8.4	8.6	8.0
6	山東省	8.1	6.6	9.1
7	重慶市	8.0	7.7	8.2
8	遼寧省	7.9	8.0	7.8
9	安徽省	7.6	6.7	7.9
10	四川省	7.6	6.8	7.8
	全 体	7.1	6.4	7.5

2010年

		全体	都市	農村
1	重慶市	11.7	9.3	14.5
2	四川省	10.9	9.0	12.3
3	江蘇省	10.9	9.1	13.6
4	遼寧省	10.3	10.3	10.3
5	安徽省	10.2	8.5	11.5
6	上海市	10.1	9.9	12.1
7	山東省	9.8	8.2	11.5
8	湖南省	9.8	8.1	11.0
9	浙江省	9.3	7.1	13.0
10	広西チワン自治区	9.2	7.5	10.4
	全 体	8.6	7.8	10.1

出所：「中国人口普査資料」（2000年、2010年）から大泉啓一郎氏作成

——高齢者やその予備軍を農村から都市へ移せば解決しそうに見えますが。

大泉　年をとったら都市に移り住むのは難しくなるのです。例えば、30歳を超えた人が都会に出てどんな職に就けるのか想像してください。ことに雇う立場になって考えれば、就職の可能性は高くないことが理解できます。30歳でもそうですから、農村に住む「人口塊」は移動能力が急速に低下しているのです。

労働力の年齢をさほど勘案しない、従来の開発経済学の枠組みは見直すべきかと思います。中国経

済が超えたかどうか議論になっている「ルイスの転換点」についても、慎重に考えた方がいいと思います。

鈴置　ある国が工業化する際、労働者は農村から都市に移る。労働力の余る農村の労働力は安いからだ。このため、当分の間は都市でも人件費が上がらない。しかし、都市が吸い取るべき農村の過剰労働力がなくなった時、これを転換点に賃金は上がり始める――という理屈ですね。

２０００年代半ばに中国で豚肉の値段が上がった際「農村の労働コストが上がったせいだ。中国もついにルイスの転換点を迎えたのだ」と主張する研究者が出ました。

この〝発見〟は「中国全体が労働不足に転じたとすれば、これから工業部門の人件費もどんどん上がるはず。中国の成長に陰りが出るだろう」との見方も呼びました。豚肉の価格上昇は全く別の理由によると言う研究者もいましたが……。

大泉　事態は「ルイスの転換点」より複雑です。中国の都市で労働力不足が生じているのは確かですが、中高年層は移動が難しいため農村には過剰な労働力が存在しているのです。つまり、人件費の上昇を通じて都市の豊かさが次第に農村に及ぶというシナリオはここからは描けません。

――高齢化が最も進み、今後さらに進む日本はどうすればいいでしょうか。

新聞記者は退職後に「市民報」を作れ

大泉　まず、高齢化社会は我々の努力の結果だということを認識すべきです。様々の問題も起こりますから、何か悪い社会のように言い出す人もいる。でも、日本はヒトの寿命を世界有数の長さに伸ばすことに成功したのです。これは素晴らしいことです。

次に申し上げたいのは「人口オーナス」は絶対に避けられない運命論ではないことです。高齢になっても働き続けるのなら、その人は、実際は生産年齢人口に属するのです。そんな人が増えれば、その国の「人口ボーナス」は長期化します。生産年齢人口が15～64歳、高齢人口が65歳以上というのは、国連の定義に過ぎません。

要は、高齢化に見合った構造の社会を作ればいいのです。例えば、高齢者がおカネを稼がなくても「オーナス」を「ボーナス」に変えることができます。

鈴置さんが引退したら「市民報」をボランティアで作るのです。新聞記者を30年以上おやりになったのだから、十分にこなせるでしょう。日本の高齢者が勤労期に蓄えた知識、経験、知恵、人脈は実に豊富です。これを活用すれば人口オーナスの負担を大きく軽減できます。地域活動に参加することで行政コストを下げるからです。

――大泉さんは何をなさるおつもりですか。

大泉 私は近くの道路や公園の清掃から始めます。無料で柔道や勉強を教えてもいいと思います。

鈴置 大泉さんは柔道4段でしたね。確か、もう教え始めておられると伺いましたが。退職後に活用できる得意技があるといいですね。

大泉 みんなが得意技を持って地域活動に取り組めば、新しく面白い地域ができるに違いないと思うのです。高齢者が生き生き活動する社会は、子供を育てやすい社会にもなることでしょう。豊かな高齢社会では出生率は自然に回復するはずです。

こうした個人の姿勢の変化に加え「政治」も変わる必要があります。まず、誰が誰を養っているのかを明確にすべきです。そして、それに関し国民的合意を作ることが重要です。今のように、それを明確にせず、合意も得ず、ばらまきで票を集めている政治家ばかりだと、いずれ国民の間に亀裂が走ります。

中国が高齢化により成長が止まるかはまだ分からない。まずは日本が高齢化に適合した社会を作るべきです。高齢化をきっかけに新しい国造りを始めればいいのです。

鈴置 それが、日本の高度成長を享受した世代に与えられた挑戦ということですね。アジアも「成長に乗る」ことを競う時代から「停滞に適応する」ことを競う時代になるのでしょう。

(1)：韓国では「生産年齢人口比率がピークを迎えるのは2012年」と言われることが多い。今後の人口の推移をどう見るかで若干の差があると思われる。

プロフィール

大泉 啓一郎（おおいずみ・けいいちろう）

日本総合研究所上席主任研究員。1963年大阪府生まれ、88年、京都大学大学院農学研究科修士課程修了。三井銀総合研究所などを経て現職。研究分野は「アジアの人口変化と経済発展」と「アジアの都市化を巡る経済社会問題」。2007年に出版した『老いてゆくアジア』（中公新書、第29回発展途上国研究奨励賞受賞）で少子高齢化がアジアの成長に歯止めをかける可能性を指摘し、大きな反響を呼んだ。他に『消費するアジア』（中公新書）などの著書がある。

第2章

4

【対談】真田幸光・愛知淑徳大教授と「金融」から読み解く

通貨の命綱を中国に託した韓国

――日韓は2012年10月11日の財務相会談で、「スワップ枠700億ドルのうち、2012年10月末に期限の来る570億ドル相当分を延長しない」ことで合意しました。両国とも「スワップ打ち切りは経済的判断によるもの」と説明しましたが……。

鈴置 関係者でそれを信じる人はいないでしょう。2012年8月中旬に李明博大統領が竹島に上陸したうえ「日王の謝罪」を要求したことに対し日本人が激怒した結果です。政治的な報復以外の何ものでもありません。

まず、韓国に対する強硬な世論を受け、安住淳財務相が「延長するかどうかも含め白紙」と打ち切りの可能性を示唆しました(8月17日)。

すると、韓国メディアの多くは「日本のスワップがなくなっても全く困らない」と一斉に書きました。「やるならやってみろ」と言い返したわけです。韓国政府、ことに対日強硬派の多い青瓦台（大統領府）の意向を受けたようです。

その際、多くの韓国メディアが「このスワップは2011年秋に日本が頭を下げてきたから結んでやったのだ」と事実と正反対の情報も流しました。李明博政権は「日本を超えた韓国」を手柄にしていました。超えたはずの日本に頭を下げたことは隠したかったと思われます。

韓国のこうした言動を見てのことでしょう、本心ではスワップの維持を望んでいたと思われる日本の財務省の幹部も、自民党の部会で「韓国からの要請がなければ延長しない」と語るに至りました（10月2日）。

韓国側はこの発言を「『カネが欲しければ、頭を下げろ』との脅し」と受け取り、憤りました。ただ、外貨繰りに自信が持てないので「頭を下げるべきか、下げざるべきか」相当に悩んだ模様です。結局、10月7日までに「国民の批判を避けるためにも日本に頭は下げない」と決めました。

真田　鈴置さんが説明した通り、まさに「売り言葉に買い言葉」でした。2011年10月、韓国の要望に応じ日本が570億ドルのスワップを受け入れた時、韓国側はとても日本に感謝していました。しかし、韓国政府はメディアに「日本が頼んできたから受けてやった」と書かせた。

安住財務相も韓国への批判が高まると、「スワップ打ち切りによる報復」をいとも簡単に掲げた。これほど露骨にこぶしを振り上げられれば韓国も「そんなものは要らない」と言うしかありません。

「スワップは不要」と言わざるを得ない韓国の苦悩

――韓国は日本とのスワップは不要なのでしょうか。

鈴置 「韓国政府はスワップ延長を要請せず」と朝鮮日報が10月8日付で報じ、他の韓国メディアも後追いしました。その際、「欧州、米国、日本が相次いで金融を緩和した今、韓国には大量の資金が流れ込んでいる。日本とのスワップがなくても通貨危機に陥らない」という経済的判断もあったと韓国政府は各メディアに説明しています。

真田 それはあくまで短期的な話です。世界の金融全体が極めて不安定な状況にありますから、日本とのスワップはあった方がいいに決まっています。ただ、政府がそう言えば日本に足元を見られてしまううえに、「やはり韓国は外貨が足りないのか」と市場の動揺も呼びかねない。公式的には「スワップなど要らないよ」と韓国は言い続けるしか手はありませんでした。

570億ドルのスワップが終了した後も、日韓の間には130億ドルのスワップ枠が残っていきます。ただ、それも有名無実化する可能性が大です。スワップはいざという時は相手が必ず自分を助けてくれるし、自分も相手を助ける、という信頼関係がベースになります。

日韓間の信頼関係は崩れました。韓国は本当に日本が助けてくれるか疑い、外貨不足に陥っても、日本に対しこの130億ドルのスワップを発動してくれと言いにくくなりました。いざとなれば、日本もスワップの契約上の瑕疵を見つけて、韓国の要請を断ることができる。

契約当事者である日韓双方の信頼関係が薄れれば、そうした事態は起こり得ます。もし、韓国が厳しい状況にある時に日本がドルの供給を拒否したら、市場は「韓国売り」を加速するでしょう。

1997年のアジア通貨危機で国際通貨基金（IMF）は「未然の対応」という意味ではあまり頼りにならなかった。また、誤った処方箋でアジア各国の経済を悪化させたと私は感じています。そこでアジアの主要国はアジア域内にスワップの仕組みを作って助け合おう、と合意しました。チェンマイ・イニシアティブ（CMI）です。

当時は日本がアジアで圧倒的な力を持っていました。しかし、その後、日本が力を落とす半面、中国が強くなり韓国も回復してきた。ようやくアジアが水平的な助け合いの仕組みに向け動き出す、という段階まで来ました。ただ、今回の日韓対立でそれは怪しくなりました。米国や欧州は「日韓ともに、いったい何をやっているのかな」と冷ややかに見ています。

――スワップ復活はもうないのでしょうか。

鈴置　簡単ではないと思います。韓国は李明博政権の後も従軍慰安婦や竹島問題で今と変わらぬ、あるいは今以上の対日強硬姿勢をとる可能性が大きいからです。韓国はいずれの問題でも「自分の後ろには中国が付いている」と自信を深めています。

一方、日本側を見ても、政権に復帰した自民党には「スワップは韓国のウォン安・円高政策を助けた。これにより日本企業が苦境に陥った。民主党の大失態だった」との認識を持つ議員が数多くいます。日韓双方の政権交代により、スワップ復活はますます難しくなると思います。

――政府や民主党は「スワップがないとウォン安になる」と、全く正反対の説明をしていました。

鈴置　日韓スワップがウォン安を阻止するのか、逆にウォン安を誘導するのかは局面によります。2012年の段階では後者だったと思います。2008年初めに登場した李明博政権は、輸出ドライブをかけるため為替政策を180度修正し、ウォン安政策に切り替えました。

韓国のような恒常的なドル不足の国では何かの拍子にホットマネーが一気に逃げ出すことがあります。2008年秋のリーマンショックの際の韓国外為市場がまさにそういう状態でした。

この時、韓国は米国、日本、中国とスワップを結ぶことで市場の信頼を取り戻し、デフォルトの危機を脱しました。その後も、このスワップを後ろ盾に低通貨政策を続けることができたのです。実際、2013年初めに至るまで韓国ウォンは2008年の暴落前と比べウォン安・ドル高の水準にあります。

もちろん、危機を脱するプロセスではウォンの価値が回復しました。その局面だけ見ると「スワップは日本にも資した」と言いたくなります。ただ、当時のデフォルト寸前の危機的な状況下では輸出保険が機能しなくなり、激しいウォン安にもかかわらず韓国は輸出を伸ばせませんでした。

1997年末から1998年前半にかけてはさらに深刻で、輸出保険どころか金融システム全体がマヒし、輸出を担う企業がどんどん倒産しました。1998年の輸出は前年に比べ減っています。韓国の過去3回の通貨危機を詳細に調べると「日韓の通貨スワップはウォン安・円高を食い止め、日本企業を助ける」という説は、必ずしも正しくないことが分かります。

――真田先生はスワップを維持すべきだったとのご意見のようですね。

真田　理由は2つあります。まず、既に述べたように日本へのはね返りが多いことです。1997年以降、営々と作ってきたアジアの金融協力の枠組みを自ら棄損しかねない。

もう1つは、打ち切りの効果が薄いことです。日本が韓国にドルを貸さなくても、豊かな外貨準備を誇り、アジアでの影響力拡大に全力をあげる中国が代わりに貸すのは目に見えていた。

制裁は「金融」より「貿易」が有効

鈴置　ただ、韓国に対し制裁しないのは下策でしょう。「日本に昔の力はない」と公言した李明博大統領は、返す刀で竹島や天皇に関して日本叩きに乗り出しました。ここで制裁しなければ、韓国は「やはり昔の力はない」と確信し、さらなる日本侮辱に出るのは間違いありません。韓国による日本侮蔑は韓国だけでなく、中国やロシアに再び拡散するに違いない。

2010年9月に「尖閣諸島漁船衝突事件」で中国が少し強気に出たら、菅直人内閣は即、白旗を掲げました。アジア各国はこれを見て「中国の台頭・日本の凋落」を実感しました。2010年11月、ロシアのメドベージェフ大統領が国家元首として初めて日本の北方領土である国後島を訪問しましたが、これも「漁船衝突事件」での日本の弱腰を見切ったからと言われています。

2012年8月の李明博大統領の竹島上陸と、それに続く「日王への謝罪要求」は「ロ首相の北方領土への訪問」が引き金です。日本人が韓国に対して制裁を検討すると、多くの韓国人が「ロシアに殴られても下を向いていたのに、韓国に対しては殴り返すのか」と不満を表明しました。

日本叩きはドミノ倒し状態になっています。ですから、ここで韓国に対して〝きちんと〟制裁しないと、ドミノが2周目に入ってしまいます。

真田　私は必ずしも「韓国に対して弱腰であっていい」と言っているわけではありません。「スワップは効果が薄い」と言っているのです。一番効果があるのが「貿易」です。例えば、日本の部品・素材メーカーが韓国企業に対する輸出をストップすれば、韓国の生産が止まるうえ、韓国の輸出も急減します。

鈴置　韓国最大の弱点である「恒常的なドル不足」を突くという意味でも「スワップ」より「貿易」カードの方が効果的ということですね。スワップを打ち切っても、市場の地合いが悪い時でないと韓国は直ちに通貨危機には陥りませんから。

ただ、安易に「貿易カード」を使えば、2010年の尖閣での漁船衝突事件の際にレアアース（希土類）の対日輸出を止めて世界貿易機関（WTO）に訴えられた中国と同じになってしまいます。

真田 あんなに露骨にやる必要はありません。韓国にとって「来ることは来るのだが、なぜか、日本からのキーパーツの輸入に時間がやけにかかるようになった」という状況を作ればいいのです。部品の輸入が遅れるだけで韓国企業の生産は打撃を受けます。それで日本がWTOで訴えられる可能性はまずありません。

輸入も同様です。中国が日本製品の通関を遅らせるなど、いろいろと嫌がらせをしていますが、WTO違反だという声は出ていません。日本も徹底的に韓国と戦うと言うのであれば、同じことを韓国製品にすればいいのです。私は強硬派ではありませんが、対韓制裁を前面に出すのであれば覚悟をして、目的を持って日本政府は行動すべきであると考えています。

鈴置 「強硬派」かどうかはともかく、「制裁するのならきっちりする」という考え方が大事と思います。日本の政治家や役人と話していて奇妙なことがあります。「スワップを打ち切る目的」をちゃんと説明してくれた人がほとんどいないのです。

普通の国民は「世界で日本の悪口を言ってまわる国からカネをはがせ」と報復感情を抱

いています。これはこれで自然なことです。でも、国家が制裁する時には「スワップを打ち切ることでどんな結果が得られるのか」冷静な計算が必要です。

ところが、誰に聞いても計算というものがない。国民の感情に追従して、「何となく、仕返ししている」だけに見えます。もし、スワップ打ち切り後に外貨不足に悩まない状態が続いたら、韓国は「やはり日本は不要だった。日本に昔の力はない」と再び世界に向かって叫ぶでしょう。

すると、さらなる報復を望む日本人も出るに違いない。政府はどうするつもりでしょうか。それに備えた次なる手を考えているのでしょうか。当時の安住財務相は「韓国の国債を買わない」とも宣言しました。「あの子は嫌い。だからあの子と一緒に学校に行かない」と言っている小学生と似ています。

本当に韓国に言うことを聞かせようと思ったら、逆に韓国の国債を大量に買う手だってある。それによってウォン高に誘導する。さらに「これを投げ売りしたら通貨危機を起こせるぞ」と常に韓国を威嚇する態勢をとるわけです。

真田　まさに、そこなのです。鈴置さんが指摘しているように、韓国は米国や日本から離れて中国に向かっている。そういう状況下での対韓制裁なのですから、「中国側にさらに寄れば、もっと困らせるぞ」というメッセージを込めるとか、はっきりとした目的があるべきと思うのです。目的なしでこぶしを振り上げているのが今の日本ではないでしょうか。

んでした。

──スワップの打ち切りが決まっても、韓国の為替市場も株式市場も直ちには動揺しませんでした。

「人民元経済圏」の構築に手を貸す

鈴置 韓国メディアは2つ理由をあげていました。まず、外貨準備が3200億ドルまで増えたうえ、一部の格付けが日本よりも上になるなど韓国経済の健全性が増していること。次に、世界的な金融緩和で韓国に外貨資金が流れ込んでいることです。

まず、前者ですが、相当に怪しい理屈です。外貨準備が多いと言っても、その相当部分が高金利だけどすぐには現金化しにくい債券に化けているからです。後者の資金流入に関しても楽観材料とは言いにくい。ホットマネーが大量に入りこんでいるに過ぎず、何かの拍子にこれが一気に流出すれば打撃はより大きくなる。「山高ければ谷深し」です。

真田 韓国の場合、ある民間金融機関が他の金融機関から借りたオーバーナイトのカネ、つまり超短期のドル資金の返済が滞る危険性が依然、疑われています。そして、格付けとは国債のデフォルト・リスクのことであることに注意してください。韓国の国債の格付けがいくらよくなっても、民間のデフォルト・リスクが下がる──つまり国全体のリスクが減る──わけではないのです。

――サムスン電子や現代自動車が世界で快進撃し、貿易収支も今のところ黒字。日本よりも強いというイメージがあります。

鈴置　イメージはイメージに過ぎません。韓国はまだ本質的には「資本輸入国」、つまり政府や企業が外から外貨を借りて経済を回している国です。世界的に金融が収縮し、ドルの貸しはがしが起きれば、真っ先にその対象になります。

真田　企業で例えれば、売上高は伸ばしているものの資金繰りが苦しく、いつ手形が落とせなくなるか分からない黒字倒産の可能性が高い会社、ということです。実際、その懸念から1997年や2008年、2011年に貸しはがしに遭いました。ことに韓国は超短期ドル資金の多くを欧州系金融機関に頼っていました。現在のように、欧州で金融収縮が起きれば、その影響をもろに受けます。

韓国の金融機関がいかにドル資金不足に直面しているか、という証拠があります。韓国企業は世界でプロジェクトを積極的に立ち上げている。韓国の金融機関にとって逃せない商機なのに、十分なドル資金を供給できない。そこで日本の金融機関に協調融資を依頼するケースが増えています。

鈴置　韓国で通貨危機が起きかけた2011年秋も、POSCOが日本で円建て債券を急きょ発行していました。外貨に関して韓国の金融機関には頼れなかったということだと思います。

――韓国の金融システムは韓国紙が主張するほどに盤石ではないということですね。それでは、もう一度聞きます。日本がスワップ打ち切りを発表したというのに、なぜ、韓国市場が揺れなかったのでしょうか。

真田 それは中国です。「韓国が困れば中国が助ける」と市場が見なし始めたからです。「日本からの570億ドル」が怪しくなった瞬間、韓国は中国に急接近しました。

鈴置 実際、2012年12月に中韓通貨スワップを貿易決済に活用すると韓国は発表しました。経済面における中韓の接近を印象づけるのが狙いでした。これによって、韓国は外貨調達の命綱を中国に託すことになります。人民元経済圏づくりを積極的に手伝うという、米国をいたく刺激しそうな対価を払ってのことです。

真田 韓国はついにルビコン河を渡って中国側に行きました。もちろん、恐る恐るではありましょう。鈴置さんの言い方を借りれば、金融・通貨面での「離米従中」です。この面では米国を相当に不快にさせたでしょうね。

スワップを貿易決済に使うという奇手

――中韓スワップを貿易決済に活用することが、なぜ外貨調達の命綱を中国に託すことになるのでしょうか。

鈴置　２０１２年12月４日、韓国銀行は以下のように発表しました。韓中両国は通貨スワップを結んでいる。外貨不足で困った時に融通し合う政府間の約束だ。今後はこれを〝平時〟にも発動し、韓中企業間の貿易決済に使うことで両国は合意した――。

――「スワップを使って貿易決済」のくだりをもう少し詳しく説明してください。

鈴置　中国からモノを輸入した韓国企業を想像してください。これまではドル建てで取引していましたから、手持ちのウォンを銀行でドルに換えてもらって代金を支払っていました。

今後は人民元建てで値段を決めておき、人民元で支払えるようになります。韓国銀行が中国からスワップで人民元を借りてきて、それを輸入企業に貸し出す仕組みができるからです。反対に、中国企業が韓国から輸入する時は、中国人民銀行が韓国からスワップで借りてきたウォンを決済通貨に使う。

取引にドルを介在させないため、ドルの変動リスクを避けられるうえに、手数料も安くなる。そう韓国銀行は説明しています。

――今までも韓国企業は人民元を使って輸入すればよかったのでは。

鈴置 理屈はそうですが、現実にはなかなかうまくいきませんでした。人民元とウォンを換える市場の規模が小さいからです。

中国への支払いに相当な額の人民元が必要になるとします。でも、それと同額のウォンを欲しがる人が同時にいないと取引が成り立ちません。つまり、ある程度以上の人民元を入手するのは簡単ではない。このため、貿易決済はなかなかスムーズにいきませんでした。

ドルとウォンを換える市場は大きいため、これまではドル建てで値段を決め、ウォン・ドル市場でウォンをドルに換えて決済に使っていました。現在の中韓貿易の決済は95％がドル建て。人民元は0・8％、ウォンに至っては0・04％に過ぎません。

ところが、新方式になると、巨大ダムのように資金量の豊かなスワップ枠から必要なだけ人民元を汲み出せる。ちなみに、中韓スワップの上限は3600億人民元あるいは64兆ウォンで、米ドルで換算すれば580億ドルぐらいです。

このスワップを利用した貿易決済を呼び水に人民元建て、あるいはウォン建ての取引を増やす。そうすれば、人民元の国際化もウォンの国際化も進められる――と韓銀の担当者は語っています。

もっとも、すぐに新方式が広がるかどうかは微妙でしょうね。先ほど、韓銀の借りてきた人民元を使って輸入代金を支払った韓国企業の例を引きました。よく考えると、先ほどの話では取引が終わっていません。この会社はどこかから人民元を調達して韓銀に返さなければならないからです。ただ、そもそも人民元とウォンを交換する市場が極めて小さいのでそれは容易ではありません。

このニュースを報じた朝鮮日報の電子版（2012年12月4日付）によると、韓銀の担当者も「2013年までに人民元とウォンの決済比率を1％ポイントずつ上げるのが目標」と控えめな姿勢でした。韓国政府も、「スワップを貿易決済に活用」という理屈優先の構想はそう簡単に実現しないと分かっているのでしょう。

そこで、真田先生にお聞きしますが、こういう仕組みは前例があるのでしょうか。1997年のアジア通貨危機の際に、〝米国の横暴〟に怒ったマレーシアのマハティール首相（当時）が、これとよく似た米ドルを介さない決済システムを東南アジア各国に提唱しましたが、立ち消えになっています。

真田　それについては寡聞にして存じません。私は中韓のスワップ利用の決済システムはまだ細部は詰まっていなくて、韓国人らしく、というか中国人らしくというか、実際に動かしながら作り上げていくつもりではないか、と睨んでいます。

鈴置 韓国はやけに急いでいましたね。「12月後半から実施」と4日に発表しましたから周知期間は10日ほどしかありませんでした。

――なぜ韓国はそんなに焦っていたのでしょうか？

真田 資金ショートしがちな年末を控えて、市場に「安心してくれ」というメッセージを送りたかったのでしょう。世界経済の下振れリスクは依然高い。韓国も成長率がどんどん落ちている。恒常的な外貨不足という韓国の持病は市場でも有名ですから、いつ激しいウォン売りにさらされるか分からない。仮に、国全体でドルが足りても個別の金融機関がオーバーナイトの超短期のドルを返せなくなるリスクもあります。

ケンカを売った日本に頭は下げられない

鈴置 ウォン売りの防壁となる、友好国との通貨スワップも期待できなくなっています。2011年秋に訪米した李明博大統領が首脳会談でオバマ大統領にスワップを結んでくれと頼んだものの、断られてしまった。

代わりに「米国が日本に口をきく」ということになったのでしょう、韓国は日本と５７０億ドルもの大型のスワップを結ぶことに成功しました。

ところが、２０１２年夏に李明博大統領が「竹島上陸」を敢行したうえ、「日王の謝罪」を要求したため日本人は憤激、結果として同年10月末が期限の５７０億ドルのスワップは延長されませんでした。

真田　市場は、韓国と大口のスワップを結ぶ唯一の国となった中国の出方を見守っています。いざという時、５８０億ドル相当のスワップ枠で韓国は防戦できるのか。足りなくなったら中国はさらに貸してやるのか――。

その状況下、韓国はスワップを決済に活用するという中韓合意を派手に発表することで、「中国が韓国の金融の面倒をちゃんと見る」というイメージを作ろうとしたのでしょう。

鈴置　確かに、韓銀の担当者は今回の中韓合意を説明した際、「今後、韓中の『金融統合』が進む」とはっきり述べています。韓国の通信社「ニューシス」の報道です。「中国という後ろ盾を得たから韓国は大丈夫」と必死で市場に訴えている感じです。

――結局、決済にスワップを活用するのは年末の外貨不足対策ということですか。

真田　韓国の最大の狙いは中韓スワップの恒久化です。中韓スワップの期限は２０１４年

10月末まで。これが切れれば韓国は唯一の大口スワップを失って、通貨攻撃を受ける可能性が高まる。それに対して、もし恒久化が実現すれば、韓国は外貨準備を3600億人民元（約576億ドル）分、未来永劫にかさ上げできます。ゆえに、どんな奇手を使ってもこのスワップを延長する必要がありました。

鈴置　「常設化」という言葉を使っていますが、韓国紙も一斉に「恒久化」を特筆大書しています。朝鮮日報は、以下のような韓銀の担当者の談話を引用しています。「スワップを活用した貿易決済が続く限り、韓中スワップの資金が引き続き必要になるわけで、スワップを常設化する効果がある」。

真田　金融の世界ではおカネを貸す人の力は絶大です。契約締結の過程で、どんな情報でも持ってくるよう借り手に要求できるのですから。ドル不足に悩んだEUが中国におカネを貸してくれと頼んだ時、中国の温家宝首相が満面の笑みをもって受け入れたのを思い出してください。

中国は韓国に対し、こうした一種の縛りを掛けてくると思われます。もちろん、韓国から得た情報は韓国をコントロールする強い力の源泉になります。

日本は紳士的というか気が小さいですから、貸し手になってもさほどあこぎな要求はしません。しかし、普通の国はカネを貸した国の奥深くに手を突っ込むもの。米国だって1997年の通貨危機をきっかけに韓国の資本市場に対する影響力を一気に強めたではありませんか。

鈴置　韓国は日本とのスワップが事実上なくなり、金融的なバックアップは中国に頼る時代を迎えます。メーンバンクだった銀行とケンカしてしまい、おっかない闇金融に資金繰りを頼みに行く中小企業を思い出させますね。

——日本や米国が新たにスワップを結ぶことはないのでしょうか。

鈴置　ケンカを売った日本には今さら頭を下げられないでしょう。仮に頭を下げても、日本がスンナリとスワップに応じてくれるか保証の限りではありません。

真田　米国にも、もう韓国を助ける余力はないでしょう。2011年秋に断ったのもそのためです。仮に韓国だけなら助けられたとしても、韓国とだけスワップを結ぶわけにはいかない。

2008年まで韓国は外貨の多くをEUの金融機関から借りていた。しかし、サブプライム危機や昨今の欧州財政危機で貸しはがされてしまった。EUから梯子を外されていたのです。

韓国は金融面で手を組める先進国のパートナーを事実上失った。そこで、いざという時に外貨を貸してもらう命綱を中国に託す羽目に陥ったのです。韓国人に「中国頼みでは怖くないか」と聞くと「あのＥＵだって中国にドルを借りて助けられたから大丈夫」と答えますが……。

カモネギの韓国に笑いが止まらぬ中国

鈴置　それにしても、中国に命綱を託すのは怖いですね。もし中韓関係が極度に悪化したら、期限内でも「スワップを打ち切るぞ」なんて脅しかねない国ですから。

真田　韓国は北朝鮮化したのです。北朝鮮は米国や日本を敵に回して孤立したため、生き残るには中国の影響下に入るしかありませんでした。金融の世界で韓国も北朝鮮と同様に孤立し、中国サイドに向かったとの見方も成り立つ。ただ、韓国が米国や日本とよりを戻す可能性が全くなくなったわけではありません。それは朴槿恵大統領のスタンスによります。

――韓国に頼られる中国はうれしいでしょうね。

真田　もちろんです。ことに中国は人民元の国際化という大戦略に動いていますから。中国は香港や台湾、東南アジアとの貿易で人民元決済の導入を図っています。

これらの地域・国々は中国が最大の貿易相手国です。人民元の使い勝手はよくありませんが、実物経済の結合度の高さを生かして人民元決済、いわば「中国経済圏」を広げる可能性を模索しています。韓国も中国との貿易量がダントツの1位ですから、このままいけば、実体経済部分を中心に、少しずつ人民元決済が増えるでしょう。

鈴置　韓銀関係者は、「スワップを利用した貿易決済システムを韓中間でまず活性化したうえ、日本などアジアの重要国家もこの枠組みに参加させる計画」（ニューシス2012年12月4日配信）と夢を語っています。「元経済圏」の創設に向けて、韓国がお先棒を担いでいるわけです。ネギを背負って転がり込んできた韓国を見て、中国は笑いが止まらないでしょう。

――「外貨不足という弱点を中国にカバーしてもらうかわりに、韓国は中国の勢力拡大に協力する」という構図なのですね。米国はどう出るでしょう。

真田　中国と韓国の外為市場はいずれも小さく、当面は「実害は少ない」と無視するかもしれません。ただ、中国と組み、決済やモノの値段の表示からドルを排除すると言い出した韓国に対して、不快感を抱いたのは間違いないでしょう。米国は、タイミングを計り韓国をコツンとやるか、むしろ一気に中国と野合して韓国を浮いた存在にするなどいろいろな手を打てる。

鈴置 米国は、韓国から次に「ドルを貸してくれ」と頼まれた時には「中国から借りたら」と嫌味を言うかもしれません。さらに、1997年の危機の時のように、日本に対して「我が国が貸さないのだから日本も貸すな」と根回しするかもしれません。一方、韓国側にも「いずれドルは崩落する。ドル一点張りの経済体質を変えよう」という意見が根強い。保守系紙にもそうした意見が載ります。

「常に負ける側に付いてきた」というトラウマから、韓国人は風向きの変化に極めて敏感というか、過敏です。「近い将来、経済規模で中国が米国を追い越す。それに備えて中国ににじり寄っておこう」という発想が広がっています。それに、「1997年の通貨危機の際、米国にカモにされ国富を吸い上げられた」という反感が韓国社会に根強いことも金融面での「離米従中」を加速している。

友だちがおらず、中国を頼るしかない

――韓国は金融面だけとはいえ、いつの間にか中国側に回り始めたのですね。

鈴置 軍事面でも米国から求められた日本との軍事協定を事実上拒否し、中国に申し込みました。2012年は、軍事と金融という極めて重要な2つの分野で、韓国が「離米従中」に動いたエポックメーキングな年になったと言っていいでしょう。もちろん、日本にとって相当にまずい事態です。

真田　何度も言うようですが、大統領の「竹島上陸」を実行した韓国に対し報復するのなら、スワップではなく貿易ですべきでした。「カネを借りられる友人のいない韓国」は、日本に見捨てられたら中国側へ行く以外にありません。どんな形であれ、日本は報復の前に国際情勢を冷静に見極めるべきでした。日本はこの点を反省すべきです。

鈴置　日本がスワップを打ち切らなくても、韓国は遅かれ早かれ「巨大な隣人」である中国にすり寄ったのではないでしょうか。

真田　そうかもしれません。でも、わざわざ追いやって早める必要もなかった。

鈴置　韓国はしばしば通貨危機を起こしてきました。ただ、韓国を救った国の組み合わせはそのたびに変わりました。1997年の危機はIMF（国際通貨基金）からドルを借りて生き返りました。ただ、IMFとは言っても実質的には米国でした。

2008年の危機は米国がスワップを結び、実際に発動もしました。ところが、米国だけでは持ちこたえられず、日本と中国も韓国とスワップを結びました。日中のスワップは発動されませんでしたが、ウォン急落への有効な歯止めとなりました。

2011年の危機は日本と中国がスワップを結んで韓国を救いました。真田先生の言い方を借りるなら、「余力がなくなった米国」は救済に参加しませんでした。今後、韓国で通貨危機が起きたら、次の救済国は「中国だけ」になる可能性があります。

1997年危機当時、韓国が中国に救済されるなんてストーリーは想像もつきませんでした。それが、たった15年後には中国は「韓国の主要な保護者」になってしまいました。

――「IMF（米）」→「米・日・中」→「日・中」と来て、次は「中だけ」になるかもしれない。

真田 2013年以降、アジア情勢はさらに流動化します。右往左往してはいけません。「独立した日本」を念頭に大国のコマにならないよう、国益をしっかり見据えて針路を決めていくべきです。

プロフィール

真田 幸光（さなだ・ゆきみつ）

愛知淑徳大学ビジネス学部・研究科教授（学部長） 1957年東京都生まれ。慶応義塾大学法学部卒。81年、東京銀行入行。韓国・延世大学留学を経てソウル、香港に勤務。97年にドレスナー銀行、98年に愛知淑徳大学に移った。97年のアジア通貨危機当時はソウルと東京で活躍。2008年の韓国の通貨危機の際には、97年危機の経験と欧米金融界に豊富な人脈を生かし、「米国のスワップだけでウォン売りは止まらない」といち早く見切った。

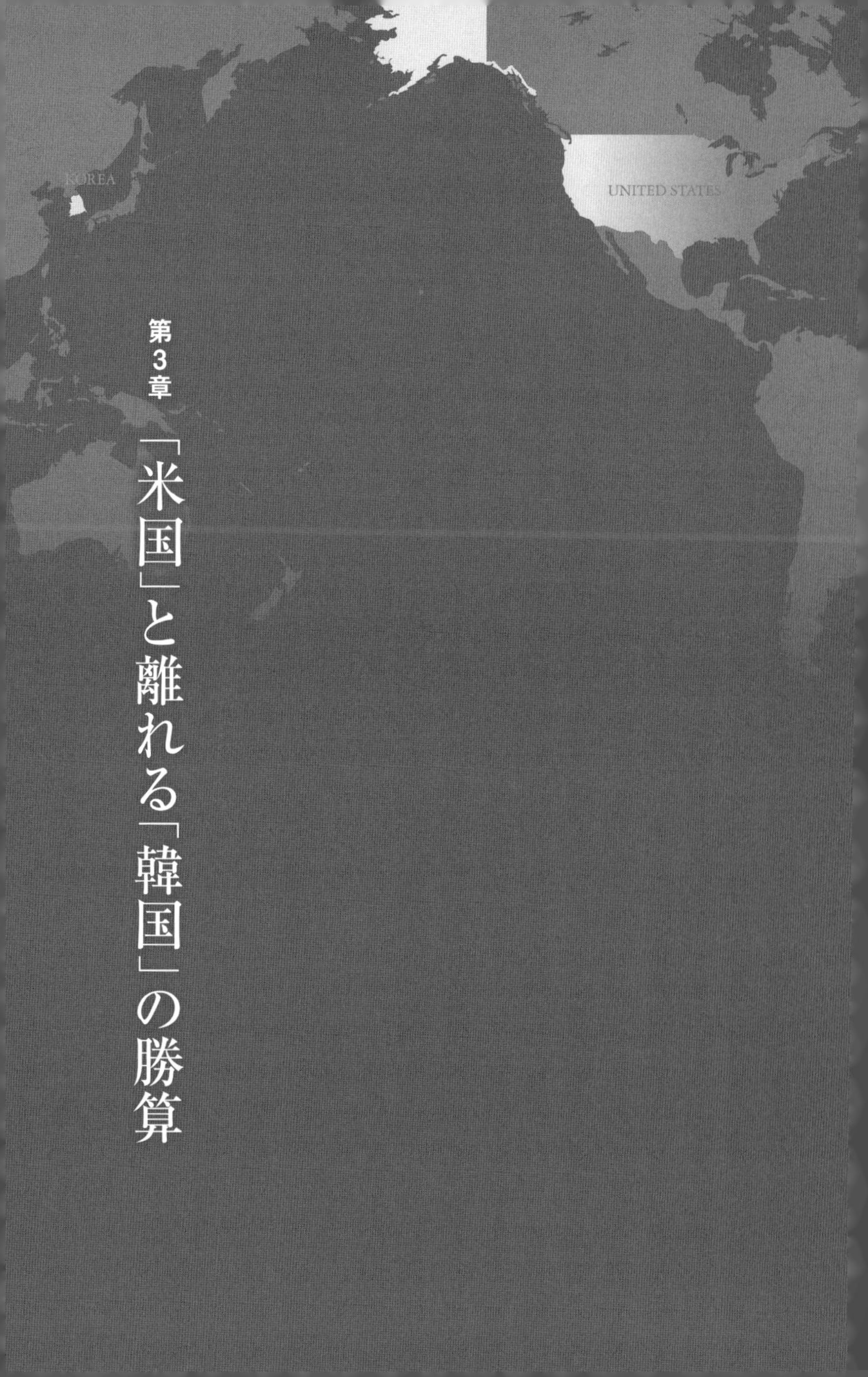

第3章

「米国」と離れる「韓国」の勝算

世界のある場所で時々、話をする中国人の安全保障専門家がいる。「日本の意見を聞きたいから」と言われて会い始めたのだが、本当は中国の主張を聞いてくれ、ということだった。

1999年に初めて会った時、この人の——中国の日本への呼びかけは「朝鮮半島の現状維持」だった。彼はこう言ったものだ。「南北が分裂したままの方が日本も得ではないか。統一すれば大きな反日国家ができる。日中が力を合わせ、現状を維持すべきだ」——。

当時、専門家の間では「北朝鮮が崩壊し、韓国に吸収される可能性が高い。統一韓国は米国との同盟を続ける」との見方が多数説だった。中国にしてみれば悪夢だ。強力な米軍が北朝鮮まで北上し、鴨緑江1つ隔てて人民解放軍と対峙することになりかねないからだ。そこで日本人に統一阻止を持ちかけてみたのだ。

彼に対する私の答えは、中国人にはさぞ、冷たいものだったろう。「日本にとって統一は極めて望ましい。朝鮮半島の北半分が民主化されたうえ、米軍の力が及ぶようになって西側の勢力圏が広がる」。

そもそも、その頃の日本人は「日本を害するほどの巨大な反日国家が生まれる」とは心配していなかった。韓国と日本の国力の差はとてつもなく大きかったからだ。

2006年に会った時、彼は南北統一をもう、懸念していなかった。韓国に対する中国の影響力が急速に強まったからだ。中国は「韓国が統一国家を作っても中立化させればいい。しなくても、韓国は中国に敵対する意志も力も失った」と自信を持ったのだ。米国人や日本人こそが、統一韓国の行く末を心配すべき状況に変化していた。

中国人の心配は別のところにあった。「最近、米国と北朝鮮が裏で手を結んでいるフシがある。米朝が関係を改善すれば、北は日本と拉致問題の話し合いに応じなくなる。中国とともに日本は米朝野合を阻止すべきではないか」。

北朝鮮に厳しかった米国が突然に軟化した時期だった。中国は表向き「緊張緩和に資する」と米国の変身を歓迎しながら、本音では衛星国に手を突っ込まれないか警戒していたのだ。

最近、この人から連絡がない。韓国も北朝鮮も完全に取り込んだ、と自信を持ったのか。それとも米国と北朝鮮が接近すれば、また電話がかかってくるのだろうか。

日本と中国は尖閣をきっかけに厳しく対立する。しかし、仮に戦争になっていても、日本への打診が中国の勢力拡大にプラスになるなら、この人からコンタクトがあるに違いない。国際政治とは感情とは別の、冷静な駆け引きだからだ。

第3章では米中間で始まった勢力圏の拡張競争――新グレートゲームを覗く。

1 離米従中にまた一歩、〝不平等条約〟は破棄か無視

韓国が米国に激しく抗った。「米国に制限されてきた弾道ミサイルの射程距離を延ばすつもりだ。許さないなら〝不平等条約〟を破棄する」。突然の反抗劇の裏に何があったのか。

米韓両国は2011年1月から韓国の弾道ミサイルの性能制限に関し協議した。韓国の要求は（1）射程距離の上限を現行の300キロメートルから800キロメートル以上に延ばす（2）弾頭の重量制限を現行の500キログラム以上に増やす（3）独自開発の無人偵察機の重量制限もなくす――という3つだ。

結局、2012年10月に（1）射程の上限を800キロメートルに延ばす（2）弾頭重量は500キログラムに据え置くが、射程を短くすれば増やしてもいい（3）無人偵察機の重量制限は2500キログラムに拡大する――で決着した。

同年7月までに米国は「射程距離の上限を550キロメートルに引き上げる」と、ある

程度譲歩していた。だが、韓国は「最低800キロメートル」を譲らず、交渉は暗礁に乗り上げた。その際、最大手紙、朝鮮日報の繰り広げたキャンペーンがすさまじかった。そして、韓国人読者が同紙の電子版に書きこんだ数々の意見が、韓国の米国に対する本音を語っていた。

2012年7月16日から21日まで連載された特集記事のタイトルは「経済トップ10の大韓民国　安全保障の足かせを解こう」。6日連続で、社説まで含めると48本もの記事で構成された異例の大特集だった。同紙が言いたいことはただ1つ。「国家主権を取り返し、ミサイルの射程を延ばそう！」である。

同紙の7月17日付社説「時代遅れの『韓米ミサイル指針』改正を」が最も手際よく韓国の主張をまとめている。以下の通りだ。

「1979年、韓国の弾道ミサイル開発を懸念した米国から、『射程180キロメートル、弾頭重量300キログラムに制限しろ』と要求された。国力の乏しかった当時の我が国は従わざるを得ず、『韓米ミサイル指針』として受け入れた」

「2001年の交渉でようやく射程制限を300キロメートルに延ばせた。だが、まだ不十分。北朝鮮の先制攻撃を受けた場合、被害を受けにくい韓国の南端からミサイルで北朝鮮の最北部に反撃するには、800―1000キロメートルの射程距離が必要だ」

「北朝鮮は射程1300キロメートルの（中距離弾道）ミサイルを実戦配備済みだ。中国も射程1万2000キロメートルを超える大陸間弾道弾（ICBM）を保有する。日本だって直ちにICBMに転換できる3段式の固体燃料ロケットを持つ。我が国だけが300キロメートルの（短距離）ミサイルに足かせをはめられているのだ」

「韓国は北朝鮮の核兵器と弾道ミサイルの前に無防備な状態にある。米国は、北朝鮮が核もミサイルも持たなかった時に定めた『指針』で今も韓国を縛りつけている」

「我々は米国を疑わざるを得ない。韓国が北朝鮮を先制攻撃するという想像し難いシナリオを米国が頭の中で描き、韓国だけに足かせをはめているのではないか、と。このような不信は韓米の同盟関係にヒビを入れかねない」

最後のくだりは解説がいるかもしれない。李承晩《イ・スンマン》政権（1948—60年）や朴正熙政権（63—79年）は北朝鮮との軍事的統一を諦めず、その機会を常に窺っていた。

このため、当時の米国は韓国が起こす第2次朝鮮戦争に巻き込まれるのを警戒し、韓国が強力な攻撃兵器を持たないよう抑えていた。生活水準が落ちるのを恐れて平和的統一さえ歓迎しない現在の韓国人からすれば、「米国は韓国をまだ、大昔の韓国のままと考えているのか」と言いたくなるのだろう。

この異例の大キャンペーンは、保守系紙である朝鮮日報が軍と手を携え張ったと見る向きが多い。狙いはもちろん、国民の反米感情をかきたてることで米国に圧力を加え、完全な譲歩を勝ち取ることだ。

「7月16日付の『指針を無効化する時が来た』との本紙の報道を駐韓米国大使館は全訳した。韓国政府関係者も『この報道が対米交渉力向上に役立つ』と語った」と自賛する朝鮮日報の記事（7月17日付）からもそれが窺える。

「我が国は米国の植民地ではない」

この大キャンペーンが米国を動かしたのかは分からない。ただ、韓国人の反米感情に火を点けるのには成功した。記事への読者の書き込みのうち「BEST評価」だけ見ても、以下のような対米強硬論ばかりだ。

「直ちに『指針』を破棄しよう。我が国は米国の植民地ではない」
「NO！『指針』を破棄しなければ国民感情が爆発し『ヤンキー　ゴーホーム』の声が巻き起こることを政府も米国も知らねばならない」
「北傀（北朝鮮）が1300キロメートルの射程距離のミサイルを持ち核兵器の開発をしている今、米国とのミサイル指針は破棄せねばならない」

自ら盛り上げた反米ムードを背景に、朝鮮日報は連載最終日の2012年7月21日付に結論を載せた。軍の長老、朴ヨンオク元国防次官のインタビュー記事だ。一言で言えば、強行突破策の勧めである。ハイライトは以下の通りだ。

「(『指針』破棄論に関し)公開的に破棄するよりも……(中略)……射程500キロだろうが700キロだろうが、我がミサイルの実質的な能力を静かに強化することが大事だ。我々は、我々の思い通りの道を行こう、ということだ」

「(『指針』を無視してのミサイル開発が、韓米同盟に大きな打撃を与えないか、との質問に対し)米国がミサイル問題で同盟を破棄することはない。米国の〝最後通牒〟が来たらもう一度交渉すればいいだけのこと。米国の態度も変えられると思う」

韓国のミサイル開発に詳しい聖学院大学の宮本悟准教授も言う。「『指針』が存続しようと破棄されようと、韓国は射程を含めミサイルの性能向上に必死に取り組むだろう」。朝鮮日報のキャンペーンは「指針を改定せよ」との要求というよりも、「もう我が家のことに口は出すな」との通告なのかもしれない。

では、韓国の強い要求に米国はどう応じていたのだろうか。この連載企画が明かした双方の主張から再構成すると、韓米交渉では以下のようなやり取りが続いたと思われる。

韓国 射程距離が800キロメートルないと、韓国の最南端から北朝鮮の最北部をミサイルで攻撃できない。

米国 韓国に対してと同様に、米国が技術を供与する代わりに射程距離に関し制限を課している国が中南米などにある。制限距離はほとんどが300キロメートルだ。韓国に800キロメートルを許せば、ほかの国にも許さざるを得なくなり、中・長距離ミサイルが世界に拡散する。

韓国 我が国は、いずれ核兵器を完成させる北朝鮮からミサイルで狙われている。核保有国の存在しない中南米の国とは状況が異なる。

米国 韓国が今より長い射程の弾道ミサイルを持つと中国や北朝鮮などを刺激しかねない。東北アジアの安定が崩れる。

韓国 中国はICBMを持っている。北のミサイルも既に韓国全域を射程にとらえている。韓国がミサイルの射程を延ばしても、今さら彼らを刺激しない。北が核を持てば/我が国の安全保障は危機に直面する。800キロメートルの射程のミサイルが要るのだ。

米国 ミサイル指針は特定の兵器体系やミサイルの射程距離の問題というよりも、いかに我々の国民を保護するか、いかに同盟の目的を確実に達成できるか、という問題だ。

最後の米国側の発言は実際に語られたものだ。２０１２年３月に開かれた米韓首脳会談でのオバマ大統領の発言である（朝鮮日報２０１２年７月17日付「ミサイル指針　韓米両国の見解、首脳会談で違いが露呈」による）。

見捨てられるか、巻き込まれるか

要は米国が言いたいのは「韓国がミサイルの射程を延ばさなくても、米国が北朝鮮のミサイルに対抗する武器を持っているから心配するな。米韓同盟が韓国の安全を保障していることを思い出せ」ということなのだろう。

李明博大統領が会談でオバマ発言にどう反応したか、メディアは報じていない。だが、本音を語ってよければ、李明博大統領は「韓米同盟が我が国の安全を保障するどころか、毀損する可能性が出てきたから困っているのだ」と言いたかったに違いない。韓国の思考回路をたどれば、以下のようになるだろう。

米国と中国は対立を深める。両国の間で軍事的衝突が起きれば、米国の同盟国たる韓国はかなりの確率で巻き込まれる。中国が米海軍の攻撃から首都などを守るため、接近阻止（Ａ２）戦略を導入したこともそれを加速する。

米空母打撃部隊が黄海に入りにくくなった以上、烏山など在韓米空軍基地が北京攻撃のための出撃拠点として一気に重要性を増す。当然、中国はこれら韓国の基地に反撃、あるいは先制攻撃してくるはずだ。

米韓同盟によって米国が北朝鮮からの攻撃を防いでくれるのはありがたい。が、その同盟によって米中対立に巻き込まれ、中国からの攻撃可能性が増すのはかなわない。いっそのこと、米国との同盟は打ち切って中国と仲良くしたらどうだろう。

北からの攻撃をどう防ぐかという問題が残るが、これも中国と同盟を結ぶことで解決できる。中国は北を年中助けている分だけ「止め男」の力量がある。米国よりも頼りになるに違いない。

ただ、一気に米国を離れ中国と結ぶわけにもいかない。移行期は「中立」となるので、今以上の「強武装」が必須だ。それには北の全域に届くミサイルを大量に保有し、南端にも配備して報復力を見せつけるしかない。

もちろん、領土紛争を抱える日本を威嚇するためにも中・長距離ミサイルは不可欠。開発には時間がかかるので、そろそろ米国の足かせたるミサイル指針は無効化しておかないといけない――。

韓国は中国に引き寄せられている。中国の巨大な経済力と軍事力が「引力」となっているためだ。ただ、ミサイルを巡る韓米対話を見ると、米国への「斥力」も働いていることが分かる。

もっとも、韓国が以上のように考えてもまだ縁を切るとは決断していないので、大事な同盟国である米国に面と向かって、「あなたとの関係を解消する布石として、中・長距離弾道ミサイルを持っておきたいのです」とはとても言えない。

だからこそ、韓国メディアの「指針」に関する記事は奥歯にものが挟まった感じがするのだろう。米韓首脳会談でオバマ大統領は「米国の抑止力に任せればいいではないか」という問いを投げかけた。それに対し、韓国は論理的に答えていない。

ただ、韓国紙を丹念に読むと、読者の書き込み欄には本音が載っている。以下は、朝鮮日報の「指針キャンペーン」のある記事に寄せられた書き込みの「ＢＥＳＴ」に選ばれたものだ。

「韓国の軍事力拡大を制約し続ければ、むしろ韓国の対中国接近を加速化してしまうことを米国は明確に理解せねばならない。北傀が核武器を持った状況下で、韓国が在来式武器だけで何とか自らの土地での戦争を回避するには、韓米同盟ではなく中共（中国）との単一経済圏、軍事的同盟が要ると判断する状況を招くだろう……」

韓国人は「離米従中」こそが、最も合理的な身を守る手段と考え、既に身内ではそれを語り合い始めたのだ。米国も韓国人の心根の変化には気がついていよう。それゆえに、「離米従中」を防ぐため、韓国の射程延長要求を、これまた奥歯にものの挟まった理屈で拒否し続けてきたのではないか。そして、米韓同盟を強化する日韓軍事協定を結ぶよう、米国が韓国に強く勧めたのも同じ理由だろう。

実は、韓米ミサイル指針が生まれた背景には中国があった。１９７１年の米中和解劇を見て、当時の朴正熙大統領は「米国に見捨てられる」と深い危機感を抱いた。実際、米中和解をテコに、ニクソン政権（69—74年）は南ベトナムから米軍を撤退させた。カーター政権（77—81年）に至っては在韓米軍の全陸上兵力を撤収する計画を発表した。

国の生き残りをかけ「自主国防」を決意した朴正熙大統領は核武装と、その運搬手段である弾道ミサイルの研究を開始した。それが米国の知るところとなり、韓国はその圧力に屈した。核開発は完全に放棄させられ、弾道ミサイル開発だけが「指針」に縛られながらかろうじて生き残ったのだ。

70年代の米中接近による「見捨てられ」と、２０１０年代の米中対立による「巻き込まれ」。理由は全く逆だが、地政学的に不安定な位置にある韓国は激変期には「自主国防」に心を傾ける。米中が接近しようが対立しようが、いつも「米国にすがりつく」ことで生き残ろうとする日本人には、韓国人の心情は理解できない。

盧武鉉政権（２００３―08年）のあまりの反米・反日ぶりに辟易した後遺症もあって、日本人は韓国の政権を「保守か左派か」、「親米か反米か」と二者択一で見がちだ。

だが、見落としてならないのは、第３の道、つまり「自主国防」を韓国人が選ぶ可能性だ。その際、ミサイルの射程延長などというささやかな〝独立〟にとどまらず、「米国離れ」「中国との急接近」「日本への強腰外交」ひいては「核武装中立」といった劇的な変身を見せるだろう。

ちなみに、朴槿恵大統領は自主国防を目指した故・朴正熙大統領の「生物学的な意味だけでなく政治的な意味でも娘」と韓国では言われている。

第3章

2

「明清交代」を受け入れる韓国人

米中二股外交に踏み出す

米中対立が鮮明になるなか、韓国が中国に軍事協定の締結を提案した。経済的にも軍事的にも中国に呑み込まれそうになる韓国は、ついに米中間で二股外交に乗り出した。

２０１２年5月21日、韓国国防省報道官は定例会見で中韓両国の軍が相互に物資を融通できる協定を結ぶよう交渉中であると述べた。国連平和維持活動（ＰＫＯ）や大規模災害、海賊対策での協力を想定したもので、報道官は「物品役務相互提供協定（ＡＣＳＡ）に似た内容」と説明した。

この動きはまず、朝鮮日報が同日付朝刊で報じた。同紙の記事「政府、韓日軍事協定を推進しつつ中国にも提案」によると、韓国の外交通商省高官が北京を訪れ、中国政府に日本と協議中の軍事協定の内容に関し説明した際、中国にも同じような協定の締結を非公式に提案した。

報道官の説明と異なるのは、韓国が申し込んでいる軍事協定の内容で、同紙は「ＡＣＳＡ」ではなく「軍事情報包括保護協定（ＧＳＯＭＩＡ）」とした。交換した情報を第三国に漏らさないことを約束する協定で軍事機密を中韓で交換する布石だ。結局、７月になって韓国政府は、ＡＣＳＡに加えＧＳＯＭＩＡも中国に申し込んだことを認めた。

一方、韓国は日本とＧＳＯＭＩＡを結ぶことになり、６月29日に東京で署名する運びとなっていた。しかし、韓国内に「『韓米日３国同盟』に組み込まれるきっかけとなりかねない。中国からにらまれることは避けるべきだ」との反対論が浮上したため、署名当日になって延期を通告した。韓国側は「日韓軍事協定が中国を狙ったものと思われる限り締結しない」と公式に言い出しており、締結の見込みは極めて薄い。

韓国が中国に２つの軍事協定を申し込んでいるとのニュースは日本ではさほど大きく扱われなかった。韓国国防省がこの軍事協定はＰＫＯなど平時での協力であると説明したことに加えて、すでに韓国がロシアなど旧共産圏国家ともＧＳＯＭＩＡを結んでいるためだ。ただ、日本の一部専門家はこの中韓軍事協定に警戒感を隠さない。日本や米国にとって、中国はロシアと比べて軍事的に衝突する可能性が高いうえに、「平時に限ったＡＣＳＡ」としても、それを手始めに軍事協力のレベルが高まっていくと見られるからだ。

ある専門家は、「中韓軍事協力が進めば、米中両国の艦船が黄海で対峙した時、韓国海軍が米中双方に軍需品を補給するという奇妙な状況も論理的には起こり得る」と述べ、韓国の姿勢に首をかしげた。

「米国のスカートに隠れて中国の足を引っ張る国」

韓国では経済に続き安全保障面でも〝米中二股論〟が台頭している。保守系親米紙の朝鮮日報でさえ、「韓米同盟を基本にしながらも、中国との多様なレベルでの軍事協力を模索すべきだ」と主張するようになった（1月2日付「2012年新年特集＝中国を再び見る」）。

韓国経済は対中依存度の急増で生殺与奪の権を中国に握られた。軍事的にも海軍力の増強によって、黄海を内海化した中国に対抗できなくなっている。不法操業する中国漁民が、逮捕に向かった韓国の海洋警察官を堂々と殺害する事件が相次ぐ。中国政府は自国漁民を規制するどころか、海軍力の行使までほのめかし韓国を脅している。

韓国は強大化した中国が要求する自由貿易協定（FTA）締結を拒否できなかった。〝怖い人〟から〝体育館の裏〟に呼び出されるように、大国から脅された小国がとる道は2つしかない。他の大国との同盟を強化して抵抗するか、逆に脅してくる大国ににじり寄るか、である。韓国は後者を選び、忠誠の証しとして軍事協定締結を提案したのであろう。

2012年5月21日付の朝鮮日報の記事は「日本と軍事協定を結ぶ過程でバランスをとるために中国にも声をかけた」とのニュアンスを込めて説明した。しかし、同紙の

2012年1月2日付記事に見られる〝米中二股論〟からすると「もともと韓国は中国と軍事協定を結びたかったが、なかなか言い出すチャンスがなかった。日本と交渉することになったのを機に、これ幸いと中国に申し込んだ」と見た方が正しいのかもしれない。

もっとも、中国は中国で小技を使って米中間をうまく立ち回ろうとする韓国を小憎らしく思っている。

2010年代に入って日本と中国の朝鮮半島研究者が意見を交換する際、しばしば似たパターンで議論が展開する。日本側が「韓国の米国離れ・中国接近が始まった」と指摘すると、中国側は「確かに韓国は中国に揉み手をしながら近づいてくる。しかし、韓国はいざとなると米国のスカートの下に隠れ、中国の足を引っ張る」と不快感を隠さない。

中国は韓国の申し入れに対して、「どうせ軍事協定を結ぶのだったら、平時に限らず戦時にも適用できる、より深化したものにしよう」と返答しているかもしれない。米韓同盟にヒビを入れるこの逆提案に韓国が応じればよし、応じなくとも「だったら『中韓軍事協力』と同時に『日韓』も棚上げにせよ」と韓国に迫ればいい。それで米日韓3国軍事同盟の芽を摘める——中国の考えはこんなところだろう。

そもそも中国は今、焦って韓国の小細工に付き合う必要はない。経済、軍事両面で急激に増す中国の存在感に圧倒され、いずれ熟柿が落ちるように韓国は中国の手に落ちるだろうからだ。

では、米国は軍事協定に対する韓国の姿勢をどう見ているのだろうか。2012年5月30日付の中央日報にビクター・チャ米ジョージ・ワシントン大学教授が寄せた論文が手掛かりになる。同教授は韓国系米国人で、ブッシュ政権時代に朝鮮半島政策の策定に関与した。

チャ教授はこの論文で日韓軍事協定を結ぶよう韓国人に強力に訴えた。「韓国の経済的成功を支えたのは日本だ」「南北統一には日本の助けがいる」「米国や日本との同盟関係があってこそ中国は韓国を尊重する」「(2015年12月に予定される米国から韓国への韓国軍の)戦時作戦統制権返還により、米韓日の協力関係の公式化はより重要になる」「日本に対する複雑な感情を捨てて得失で考えろ」――。

こうした必死の呼びかけからは、「米国の比較優位が減じれば韓国が中国に取り込まれはしまいか」と悩む米国の姿が透けて見える。もっとも、この論文が韓国で説得力を持つかは相当に疑わしい。

韓国に「日本の支え」など評価する空気はない。南北統一だってそもそも韓国人が望まなくなっている。米国との同盟関係も、これがあるからこそ中国に苛められるようになって対中接近を始めたのだ。そして、チャ教授が完全に誤解していることがある。韓国が日韓軍事協定に逡巡するのは「反日」よりも「恐中」からである。

この論文で興味深いのは「日韓軍事協定」を執拗に勧める半面、「中韓」には一切触れていないことだ。米国だって「中韓」はやらないでほしいに決まっている。ただ、それを米国人が言えば逆効果になる。韓国の反米勢力は、格好の反米材料となるそうした〝米国の介入〟を手ぐすねを引いて待っている。

中国との国交正常化以降、韓国は米国と安保協議をするたびに、直後に情報機関の最高責任者をこっそり北京に送り中国の最高指導者に直接その内容を報告するようになったという。米国高官が日本の関係者に明かした話だ。米国高官は苦々しげな顔をして「我々は（中韓秘密接触を）全部知っているのだが（韓国には何も言わない）」と言ったという。

韓国国防省が中国に軍事協定を呼び掛けたと発表するまで、日本政府はそれを知らなかったフシがある。中国の巨大な引力に韓国がずるずると引き寄せられている、という現実への認識がまだ日本には薄いことが背景にある。

韓国人も、日本人や米国人の前で「これからは中国と米国の二股をかけます」とは言わない。それどころか、「我々は中国が一番嫌いです。中国サイドに行くなんてあり得ません」などと言ってみせる人がほとんどだ。

もちろん、嫌いであろうと中国に対して、「NO！」と言える国力と地政学的位置を韓国は持たない。しかし、多くの日本人はその答えに納得してしまう。傲慢になる中国に対して自分が対抗姿勢を強めているため、つい韓国人も同じと思いこんでしまうのだ。

「誠に失礼ながら、そんな国力も意志もお持ちではないのでは……」と聞き返す日本人には、「こいつは騙せないな」と考えてであろう、本音を教えてくれるものなのだが……。

日本のリベラル派は言いなりになる「便利なやつ」

日韓軍事協力の強化は、公然とは唱えないものの米国が望んでいた。一方、日本政府の一部には朝鮮半島有事の際に在韓邦人を救出するため韓国の軍との協力強化が必要だとの意見が出ていた。韓国海軍もインド洋や中東海域での洋上補給を日本の海上自衛隊に頼めないかとの希望を持っていた。

〝現場〟たる自衛隊は「韓国海軍は運用能力が低く、洋上補給を受けるなどとても無理。事故を起こしかねない」「邦人救出は米軍に頼むのが現実的」として韓国との軍事協定締結には消極的だったという。

積極的だったのは日本の民主党政権、特に菅直人内閣である。韓国人は「こちらの言いなりになる便利なやつ」と思っているだけだが、リベラルを自任する人々は「韓国に対してしっかり謝罪と反省をしている自分が表に出れば関係が改善する」と勘違いしがちだ。

2006年頃から、韓国の知識人が「清の横暴」や「明清交代期の朝鮮朝（李氏朝鮮）の苦しみ」を語るようになった。17世紀初めに女真族が勃興し、後に清となる後金が満州に建国された時の話だ。「その直前の秀吉の侵略よりもひどかった」と言う人もいる。

朝鮮は最も従順な宗属国として漢民族国家の明に仕える一方、女真族を蛮族として見下しており、覇権を握った「後金―清」に対しても冷淡だった。そのため、服属を要求する「後金―清」から2度にわたり大規模侵攻され、屈辱的な降伏を余儀なくされた。

「明清交代」を今、韓国人が語るのは、もちろん「米中交代」を念頭に置いてのことだ。それはアナロジーなどという生易しいものではない。「覇権国家の交代に際して変化を見誤り、国が存亡の危機に陥った」民族のトラウマが今、蘇っているのだ。

日本は「明清交代」の影響をほとんど受けなかった。せいぜい明の儒学者が亡命してきたとか、大陸の混乱のおかげで欧州向け陶磁器の輸出産業が立ちあがった程度の話に過ぎない。ゆえに、日本人は現在の明清交代たる「中国の勃興と米国の衰退」に韓国人が過敏に反応するのをなかなか理解できない。

何と中国の外交官までが「明清交代」を語り始めた。ウィキリークスによると、2009年12月21日に米国と中国の駐韓大使が夕食をともにした際、陪席した中国の外交官が「明から清に覇権が移った後も朝鮮は明に朝貢を送り、明の風習と伝統を守った。小国である朝鮮・韓国は『変化に屈すれば生き残れない』という恐怖から、環境が急激に変わる際には萎縮する」と述べた。

スペインの日刊紙「エル・パイス」がウィキリークスから情報を入手して書いた記事を、2011年1月5日付で韓国紙が一斉に引用報道した。中央日報は「北朝鮮の閉鎖的対外政策を明清交代当時の李氏朝鮮になぞらえた」と解説したが、前後関係からは「衰退する米国に頼り続けようとする韓国」を〝現代の清〟の外交官が揶揄したと見た方がぴったりする。それも〝現代の明〟の前で。

「明清交代」は韓国紙ですっかり定番の単語となった。記事そのものにはさほど使われないものの、読者の「書き込み」にはしばしば登場する。ことに中国が韓国に対し居丈高な姿勢を示した時だ。中国を罵倒した後に「明清交代」が出てくることが多いのだが、ほとんどは「不愉快だが中国には従うしかない」とあきらめの文脈で使われている。

２０１０年頃までは「我が国が中国側に行くなんてあり得ない」と韓国の知識人は口をそろえていた。だが、最近はその多くが「我々は米中間で綱渡りするしかない」と本音を漏らすようになった。ついに「明清交代」を受け入れる気になったのだ。韓国の中国に対する軍事協定締結の提案を軽く見てはならない。

3 〝ミャンマーの春〟で動き始める新グレートゲーム

ミャンマーは国運をかけて米国と取引した。同国が「民主化」に動くと米国は直ちに関係改善に乗り出し、日本を含む先進国が一斉に対ミャンマー投資に動いた。中国の支配下に引き込まれかけていたミャンマーは、辛うじて脱出口を這い出た。では、ミャンマーとよく似た境遇にある北朝鮮が、その手を使うことはないのだろうか。

1962年以来、軍人が率いてきたミャンマー政府は2010年11月、反政府指導者のアウン・サン・スー・チー氏の軟禁を解いた。2011年10月には政治犯を釈放。さらには野党の活動も認めたため、11月、同氏らが率いる国民民主連盟（NLD）が政治活動を再開した。

ミャンマーの人権侵害・独裁を批判して経済制裁を主導してきた米国は翌12月、クリントン国務長官を同国に送って、「改革への評価」を伝えつつ「政治犯全員の釈放」など、その徹底を求めた。

ミャンマー政府はこれに応えた。2012年1月、政治犯を大量に釈放したうえ、少数民族との和解を発表。すると、今度は米国が「代理級」に格下げしていた大使の派遣手続きを開始、制裁解除にも動いた。日本も同月に枝野幸男経済産業相と経団連の代表を送り、経済関係強化に乗り出した。

金正恩第一書記が恐れる「第2のカダフィ」

同国の専門家によると、ミャンマーの突然の変身の理由は3つある。まず、2010年末から中東・アラブ諸国で相次いだ長期独裁政権の崩壊だ。この波及をミャンマー政府は恐れた。

次が、中国による支配への恐怖である。隣の大国である中国が援助の名目でインフラを整備したうえに商人を大量に送り込んだことで、「第2の都市マンダレーなどは中国の一部と言って差し支えない」（西側外交官）状況になった。

3番目が経済発展の出遅れだ。先発のタイから、最も遅れて開放に踏み切ったベトナムまで含め、東南アジア各国は先進国の投資を受け入れ急速に豊かになった。だが、西側の制裁対象となったミャンマーだけが昔ながらの農村国家として取り残されている。

この3点は北朝鮮の政権が直面する難題と全く同じだ。北でも政権への不満と反感は急速に高まり、住民と治安機関の衝突も起きている。恒常的な食糧不足のうえに、2009年の貨幣交換を通じ、庶民はもとより党や軍の中堅幹部まで現金と預金を政府に召し上げられたからだ。貨幣交換を担当した担当大臣に責任を被せ、公開銃殺せざるを得なかったとされる。

北朝鮮では組織的な反政府運動は確認されていないが、1990年代半ばの飢餓以降、闇市場で生計を立てる「市場勢力」が生まれ、潜在的な反政府勢力となっている。軍部隊による食糧略奪も日常化している模様で、食糧暴動に端を発した中東の独裁政権崩壊劇は、北指導者の恐怖感を呼んだに違いない。

中国による支配は北朝鮮でも着々と進んでいる。北朝鮮の通貨ウォンは2009年の通貨交換以降いっそう弱くなったため、商人はドルに加え最大の商品供給地、中国の人民元を多用している。また、日本海側の港湾、羅先は中国が埠頭を租借した。羅先と中国をつなぐ道路、橋梁も中国の人民解放軍が建設しているとの情報もある。

経済は「出遅れ」どころではない。北朝鮮の国内総生産（GDP）は韓国の30分の1から100分の1程度と推計される。外国から資本と技術を導入する「開放」と、社会主義システムを市場化する「改革」以外に経済回復の処方箋はない、という意見が北の幹部の中にさえ広まっている。

米国とミャンマーの劇的な和解直後に東京で開かれたあるアジアに関する研究会で、こうしたミャンマーと北朝鮮の類似を念頭に、「北朝鮮も〝突然の変身作戦〟に出る可能性はないのか」との意見がミャンマー専門家から開陳された。

ミャンマーの〝変身〟がトップの交代をきっかけとしていることから、故・金正日総書記から三男の金正恩第一書記に世代交代した北朝鮮も路線を変えやすいはず、との見方も示された。

これに対して、朝鮮半島専門家は「米国は北朝鮮に核開発を止めるよう強く求めており、これが関係改善の前提条件だ。一方、北朝鮮が核を放棄する可能性は極めて低いので、〝北の変身〟による米朝和解はまず、ないだろう」と答えた。

北朝鮮は過去数度にわたって外国導入計画を発表するなど、部分的な開放政策は模索してきた。また、中国による支配を避ける意味からも、米国との関係改善を望んでいるのは確かだ。

ただ、「小なりといえど、中国のように核兵器を持てば大国になめられなくなる」と強く信じ、核保有を最大の国家目標とすることに金正恩政権も変わりはない。北朝鮮が最も避けたい〝お手本〟がリビアだ。カダフィ大佐は核開発を断念し米国の怒りの鉄槌を逃れたが、最後には北大西洋条約機構（ＮＡＴＯ）軍の攻撃を受け、殺されるに至った。

イラクの核施設を空爆して破壊し、そして、これからイランの核施設を空爆しそうなイスラエルに相当する国は、北朝鮮周辺には見当たらない。米国も１９９０年代にはそれを検討したが、第2次朝鮮戦争を引き起こす懸念から断念した。韓国も左翼の宣伝が浸透し、「北の核は対日、対米用で我々には使われない」と信じる人が増えた。

日本海に中国の潜水艦基地ができたら

北朝鮮経済の生殺与奪を握る中国がとてつもなく強力な圧力をかけない限り、北朝鮮が核開発をやめるとは考えにくい。そして、中国も米国を考慮すれば、北朝鮮の核開発を本気で止める気は起きないだろう。もし、北が核を放棄すれば米朝間の関係改善を阻止する最大の材料がなくなってしまう。

北朝鮮が孤立の度を深めて冒険主義に出るのは中国にとっても困るが、かといって米朝の関係改善が進み過ぎるのも困る。北朝鮮は中国にとって、あくまで東の端の緩衝地帯だ。我が掌中のものになったと喜んでいた西南の隣国ミャンマーを、まさに米国に引き戻されたばかりなのだ。

では、「米―ミャンマー」に続く、米朝接近はあり得ないのか。少数意見ながら朝鮮半島専門家の中には「北の核放棄」ではなく、「米国の核棚上げ」によって起こり得ると予測する人もいる。以下の理由である。

「太平洋に勢力を伸ばす中国の軍事的封じ込めを米国は決意、2011年11月のオバマ大統領の豪議会演説でそれを宣言した。そんな米国にとって、北朝鮮の核開発阻止よりも、今や北朝鮮が中国に完全に取り込まれることを防ぐ方が優先度の高い目標になったはずだ。米国は『核』に関するハードルは下げても、北朝鮮との関係改善に動くのではないか」

例えば、羅先港に租借した埠頭に中国海軍が潜水艦の根拠地を設ければ、米国と日本の日本海での海上優勢は一気に揺らぐ。だが、米朝が関係を改善すれば、中国による軍港化を阻止できるかもしれない。

米国がミャンマーとの関係改善を望んだ理由の1つが、インド洋を睨む大ココ島にあると言われる。中国はミャンマーからこの島を借り、レーダー基地の建設を目論む。もちろん、インド洋進出のテコのひとつだ。

「米朝接近説」からすると、見落とせない動きが2012年1月19日にあった。キャンベル米国務次官補（東アジア・太平洋担当）がワシントンのシンクタンク、ヘンリー・スティムソン・センターのシンポジウムで、実に微妙な発言をしたのだ。

「我々は、核問題など様々な問題に明確に対処するための新たな章を開始する準備ができているということを、公式あるいは非公式チャンネルを通じて（北朝鮮に）明確に明らかにした」

キャンベル次官補は2011年12月の韓国・中央日報とのインタビューで、「（北朝鮮に）生産的な結果をもたらす、驚くような政策を準備中」とも語った。「新たな章」や「驚くような政策」の中身は明らかにされていない。だが、確実に言えることは、ミャンマーに対してと同様に、北朝鮮とも関係改善を図りたいとのサインを米国が明確に発信し始めたことだ。

北朝鮮は2012年に2度にわたって長距離弾道ミサイル実験を敢行したが、米国は接触を断っていない。2013年1月、中国が韓国と組んで北朝鮮を改革開放路線に誘導しようとすると、北朝鮮は核実験実施という強硬カードを切りながら、米国に対話を迫った。

2011年末、米国は政治的、軍事的な中国封じ込め政策を発表するやいなや、親中国家のミャンマーに手を突っ込んだ。これをきっかけに米中間で露骨な陣取りゲームが始まった。

19世紀から20世紀にかけて、大英帝国とロシア帝国はユーラシア大陸のあちこちで「陣取りゲーム」を繰り広げた。それはチェスにたとえられ「グレートゲーム」と呼ばれた。アジアを舞台に米国と中国が争う「新グレートゲーム」。どんな予想外のことが起きても不思議ではない。

第3章

4

【対談】池上彰さんと語る朝鮮半島、そしてアジア

国際政治は再び地政学の時代に戻った

池上　2012年12月12日に北朝鮮は事実上の長距離弾道ミサイルの発射実験に成功しました。これにより「北朝鮮が米国本土まで射程に入れるミサイルを持った」と言われました。世界はどう変わるでしょうか？

鈴置　「射程に入った」とされる米国では、2つの見方があります。まずは「これは大変な脅威だ。全力で北朝鮮を抑え込もう」という意見。もう1つは「今すぐの脅威ではない」という意見です。専門家はこちらの意見が多いようです。

後者の理由はいろいろありますが、主なものは「弾頭を米本土上空までは運べるようになったかもしれないが、兵器として使うには弾頭を大気圏に再突入させる技術が要る。これは非常に難しく、北朝鮮はまだできないだろう」との指摘です。「あのミサイルでは重い弾頭は運べない。北朝鮮はそんなに小さな核兵器は持っていないだろうから核ミサイル

として使えない」との見方もあります。

池上　米国はどう出るでしょうか？

鈴置　経済制裁の強化などを通じ、北朝鮮に「核ミサイル開発はやめろ」と警告を発し続けるでしょう。でも、それだけで北朝鮮があきらめるなんてことは考えられない。馬耳東風と開発を続けるでしょう。

ただ、米国にも時間があります。先ほど言いましたようにミサイルもまだ使えそうにない。この問題がもっと煮詰まってきた時、さまざまの選択肢の中から対策を選べばいい、と考えていると思います。

池上　選択肢とは？

鈴置　極端な例ですが、北朝鮮が長距離核ミサイルを実用化したうえ、撃ちそうになったら、その基地を先制攻撃することも十分にあり得ます。逆に、北朝鮮と仲良くなって核ミサイル開発をやめさせる、あるいは米国に向けるのをやめさせる手もあります。

２０１１年末にスタートした金正恩政権は不安定です。これも極端な話ですが、軍のクーデターなどで政権が引っくり返る可能性もある。米国は、そうした変化に付け込めるのです。

池上　金正恩第一書記は、実験成功で権威を増したと思いますか？

鈴置　さほど増さないのではないか、と思います。核ミサイル開発路線は、父親の故・金正日氏が敷いたもので、正恩氏はそれを継いだだけだからです。もし、この「成功」を武器に米国から巨大な援助や関係正常化を引き出せば、それは大きな手柄になるのでしょうけど。

北のミサイル成功を機に韓国をおびき寄せる中国

池上　「韓国はすでに北朝鮮の持っている短距離ミサイルの射程に入っている。だから、北朝鮮が長距離弾道ミサイルの実験に成功しようが、あまり関係ない」という人がいます。

鈴置　軍事的にはそうかもしれません。しかし、政治的には相当な打撃です。韓国の被害が一番大きいかもしれません。なぜなら長距離ミサイル発射実験の成功によって、ライバルの北朝鮮が国際的な交渉力をグンと増したからです。

先ほど申し上げたように、北朝鮮に対する制裁は効きません。半面、米国は潜在的核保有国である北を、より意識せざるを得なくなった。もちろん、先制攻撃の対象にするかもしれないけれど、北との関係改善に一気に動く可能性も高まった。少なくとも韓国はそう警戒しています。

池上　朴槿恵政権はどんな対北政策をとるでしょうか。

鈴置　それが実に難しい。韓国のとってきた手は大きく分けて2つあります。まず、融和政策。ありていに言えばおカネをやって、代わりに核ミサイル開発をやめてもらう。でも、左派政権が実行し見事に失敗しました。おカネだけとられて、開発は続けられてしまい、長距離弾道ミサイルまで持たれてしまった。

もう1つは強硬策。おカネは極力渡さず、交流も制限する。でも、これも李明博政権がとって失敗しました。北はちゃんとミサイル実験に成功した。韓国が渡さずとも中国がカネを渡すからです。

今後、北朝鮮が核兵器を持ったことが確認されれば、朴槿恵政権は国民から「何とかしろ」と強い圧力を受けるでしょう。米国の核の傘があるとはいっても、韓国の危険性はぐんと増します。北は核保有国であることを武器に韓国にこれまで以上に無理難題を言うのは間違いありません。今でさえ不安定な韓国を離れ、米国や日本に移民したいという韓国人がいるのです。そんな人が一気に増えるでしょう。

池上 韓国は打つ手がないのですね。

鈴置 ええ、南北間の交渉に限って言えば。注目すべきは、中国が韓国に対し「悪魔のささやき」を始めたと見られることです。「私――中国が北朝鮮の核ミサイル開発を阻止してやる。だから、韓国は北に援助しろ」と持ちかけているフシがあります。

池上 中国に北の核ミサイル開発を止める力はあるのでしょうか。

鈴置 本質的に止められるかはともかく、北が次の核実験に踏み切らない間は「中国が止めている」ふうに見えます。

池上 なんだか、詐欺みたいな話ですね。韓国はそれに乗るでしょうか。

鈴置 韓国には「核ミサイルだけではなくテロ再発の可能性も高い。北を抑えるには、南北対話では無理なことが分かった。中国の助けを得るしかない」という意見の人が増えています。

池上 もし、そうなったら大きな構造変化ですね。韓国は自国の安全保障を、米国だけではなく中国にも担保してもらうことになる。

鈴置 そう、まさにそこが中国の狙いだと思います。そうなると、米韓同盟にヒビが入るのは確実です。韓国は当面は米韓同盟を堅持しながら「北を抑制する」点だけ中国に頼るのだ、と言うでしょう。

でも「中韓協商」あるいは「準・中韓同盟」が対北抑止効果を発揮することが確認されれば、米韓同盟は韓国にとって不要なうえ、面倒な存在になる。中国から「米韓同盟を対中に使うな」とクギを刺されているし、「米韓同盟をやめろ」と公式に要求されたことさえあった。

一方、米国は米韓同盟を中国包囲網の一環とするのは当然だと考えている。韓国は米中間で板挟みになっています。中韓同盟だけあれば、韓国は安全を担保できることが分かった際には、板挟みの苦しさから逃れるために、米韓同盟をやめたい、と思うのは自然です。

池上 これからは朝鮮半島――アジアの激変に注目しろ、ということですね。

「スワン型」で核兵器の壁を乗り越える北朝鮮

池上　北朝鮮は2012年3月に打ち上げた「人工衛星」の重さは100キログラムだと公表しています。ということは、北朝鮮が100キログラムまで軽量化した核兵器を製造できるようになった、ともとれそうです。確か、広島に投下された原爆の重さが150キログラムくらいだったはずですね。実際のところどうなんでしょう。

鈴置　小型化に成功したかは不明です。ただ、専門家の間では「必死で小型化技術を開発中」との意見が一般的です。過去2回の失敗した核実験はいずれもプルトニウム型でした。一方、北朝鮮はウラン型の開発にも着手しています。濃縮ウランを作るために遠心分離器を回しており、わざわざ米国の専門家にその現場を見せています。次回の核実験がどちらのタイプなのか、非常な関心を呼んでいます。

池上　プルトニウム型なら、小型化できますからね。ちょっとお読みの方のためにも、ここで解説をしたいと思います。

広島に投下された原爆はウラン型で、細長い形状をしていることから、リトルボーイと呼ばれます。一方で、長崎に落とされたものは、プルトニウム型で、形状は丸々としていて、ファットマンと呼ばれます。ウラン型とプルトニウム型の見た目が違うのは、爆発にいたる原理が違うからです。

ウランの臨界量、つまりこれ以上が一緒になると爆発するよという基準となる量はそれなりに多いので、爆弾の中で2カ所に分けて置きます。片方に小さな爆薬を仕掛けておき、それを爆発させて、2カ所にあったウランを一緒にさせると、臨界量を超え、核分裂が起き、連鎖反応を起こして爆発に至ります。

一方で、プルトニウムの臨界量はごく少なく、2カ所では不十分で、細かく小分けをして球面上に並べ、それぞれに小さな爆薬をつけています。それらが「一斉にぶつかる」ことで爆発に至ります。2009年に北朝鮮が行った核実験では、爆発には至りましたが、それほどの力は得られていませんから、この「一斉にぶつかる」という制御がうまくいっていないのだと思います。

鈴置 ウランかプルトニウムか――。これは技術的問題にはとどまりません。北朝鮮が持つ核兵器の〝材料〟たるプルトニウムの量は今のところ限られていますから、次の実験がプルトニウム型なら手持ちの〝材料〟が減少したことを意味します。

一方、ウラン型なら、北朝鮮がウラン濃縮に成功し、核兵器の量産体制が整ったことを意味するわけです。北朝鮮にはウラン鉱山があり埋蔵量も豊富です。さらに、北は第3のタイプの原爆と言われる「スワン」型を開発中、あるいは開発に成功したという専門家もいます。

池上さんが先ほど言われた通り、プルトニウムを一斉にぶつけるのは難しく、北朝鮮にとってもここが技術的な壁になっているようです。ところが、専門家によると、重水素や三重水素を利用する「スワン」なら、より確実に連鎖反応を起こせ、かつ、小型化にも有効だそうです。制御技術の乏しい北朝鮮が「スワン」で壁を乗り越えようとしているとの説です。

「スワン」は1950年代にアメリカで研究が始まり、今では核兵器保有国にとってごく普通の技術になっています。2010年5月、北朝鮮が突然「核融合に成功した」と発表したことがあります。これは「スワン型の採用により核爆弾を完成したぞ」という宣言だと見る人もいます。「スワン」は核融合反応を利用しているからです。

池上 確証はないけれど、可能性は高いということですね。

鈴置 ただ、注意すべきは「スワン」にしろ何にしろ「北朝鮮の核開発が急速に進展している」との情報がさまざまの意図を持って流されることです。「もう北朝鮮は核を持った。だから敵視するのをやめて話し合おう」という空気を日本に醸し出すために言っていると思える論者もいます。反対に「北が核を持ったから日本も核武装しよう」との意図で語る人もいます。情報提供者の狙いを考えることが大事と思います。

池上 なるほど、「北朝鮮が核武装してるぞ！」というメッセージは同じでも、目的は正反対ということですね。では、北朝鮮が核実験を実施し、成功したら韓国はどう出るでしょうか。

「南北統一で核保有国」に心躍らせる韓国の本音

鈴置 今後、北朝鮮が核実験に成功したら、韓国の世論は二分されるかもしれません。1つは「北が核を持つなら自分たちも持とう」という意見です。もう1つは「北の核は韓民族の核だ。南北が力を合わせ強い国を作ろう」という意見です。後者の後ろには、北朝鮮と近い勢力――親北派とか従北派と呼ばれていますが――が存在します。

池上 北朝鮮の核ミサイル配備を機に、南北統一の声が韓国側からわき上がる、ということですか。独自に核を持とうとすると、アメリカや日本がうるさいけれど、一緒になれば労せずに核保有国になれる、だったらそうしようということですね。

鈴置 北朝鮮が核保有国になった後、何らかの理由で朝鮮半島の南北統一が実現したとします。その際は国際原子力機関（ＩＡＥＡ）、実際はアメリカあるいは中国が北の核を管理する、つまり核を取り上げることになると思います。

私は韓国の何人かの知識人に、「韓国が北朝鮮を吸収合併した場合、韓国政府は北の核をどう扱うのでしょうか」と聞いたことがあります。多くの人が、一瞬黙って、その後に「もちろん廃棄します」と答えますが、面白いことに必ずちょっとした間があるのです。「核保有国になれるかもしれない」という想像に心躍らせ、次の瞬間に「外国の記者に本音を悟られてはまずい」と考えるのではないかと思います。

池上　実際に、南北統一の可能性はどの程度あるんでしょうか。

鈴置　その質問にすぱっと答える専門家がいたら、その人は信用しない方がいいと思います（笑）。ご質問に答える代わりに、韓国人の心情を申し上げます。あるアンケートでは韓国人の約9割が「今すぐの統一は困る」と答えています。

池上　それは、東西ドイツ統一のその後を見てのことですか。旧西ドイツは旧東ドイツを抱えてずいぶん苦労しました。

鈴置　確かに、かつてはそれが最大の理由でした。でも、次第に「中国と直接国境を接したくない」という理由が重みを増してきました。中国との緩衝地帯の役割を北朝鮮に期待するわけです。もし、北朝鮮が崩壊でもして韓国が吸収合併したら、中国と直接国境を接してしまう。

ただ、韓国ではこの理由は大声では語られません。食糧にも事欠き、独裁者を少しでも批判すれば収容所送りになる。そんな悲惨な境遇にある同族を見殺しにすることで中国に対する楯を確保しようとは言いにくいからでしょうね。

池上　ミサイル実験まで行うことで存在感を示さざるを得ない北朝鮮が、「さまざまな意味で日本にとってやっかいな国である」というのは周知の事実です。その一方で、鈴置さんは中国に近づく韓国の変化自体が日本にやっかいな問題を引き起こすと見ていますね。

鈴置　2010年秋に『朝鮮半島201Z年』を出版してそれを指摘した時は「韓国が米

国から離れ中国につくなんて、そんなバカな」と言われました。ことに韓国人は否定的でした。彼らにとってもそれはうれしい未来ではないからです。

でも、最近では韓国人も「韓国はアメリカと距離をとるだろう」と予測する人が増してきました。中国による圧迫が増す一方、米国の退潮が明らかになってきたからです。今や、世界の安全保障関係者の間では「米韓同盟はどんなに長くもってもあと20年」との見方が主流だそうです。

日本人もようやく韓国の変節ぶりを理解し始めました。2012年に韓国が日本との軍事協定を署名直前に断ってきて、こともあろうに中国に申し込んだ。表面的には「日中の間で中国に寄った」と見えますが、日韓軍事協定は米国の強い要請によるものでした。韓国は米国よりも中国の言うことを聞くようになったのです。

池上 アメリカと距離をとるとすると、次に何が起きるでしょうか?

鈴置 一番極端なのが米韓同盟をやめて中韓同盟を結ぶというシナリオです。つまり米国の核の傘から出て中国の傘の下に入るわけです。あるいは、どの国とも同盟は結ばずに自前で核武装する、というシナリオもあり得ます。ただ、前者の可能性の方がはるかに高いと思います。

今や、米韓同盟は矛盾に満ちており、その矛盾は日増しに膨れ上がっています。韓国の軍事的な仮想敵は北朝鮮です。そして、北朝鮮の後ろには中国がいます。かつては韓国にとって中国も仮想敵でした。

ところが、1992年の中韓国交正常化以来、中国と韓国の関係は非常に緊密になりました。経済関係では韓国は全輸出の約3割を、香港を含む中国に向けています。ちなみに、対米向けの輸出は1割程度にまで落ちています。韓国にとって中国は一番の上得意。もう、決して敵ではあり得ません。

一方、米国は中国との対決の度を強めています。オバマ大統領の豪州演説などは、はっきりと中国を敵と見なした宣言です。北朝鮮は米国にとって主敵ではありません。できればミャンマーのように取り込んで、中国に対抗するコマとして使いたいでしょう。

隣家の〝怖い人〟と戦わず子分になる

このように、韓国と米国とではっきりと敵が異なるようになった。仮に米中間の対立がさらに深まり、軍事的な小競り合いでも起きたら韓国はどう振る舞えばいいのでしょうか。中国は韓国に対して、「在韓米軍を追い出せ」と言うでしょうから。

これは思考実験ではありません。2008年に李明博大統領が訪中した際、直前に中国外務省のスポークスマンが記者会見で「米韓同盟は過去の遺物だ」と明言しました。これは「米韓同盟はやめろ」ということです。

オバマ大統領は安全保障面でもアジア重視を掲げています。でも、財政が悪化した米国が、これからどれだけアジア防衛に関与できるか疑問が持たれています。一方、中国はどんどん海軍力を増し、韓国との間にある黄海も「中国の海」になりつつあります。
　隣家の〝ちょっと怖い人〟がますます怖くなり、一方で近所の交番が財政難から廃止されそうな時、人はどう行動するでしょうか。〝怖い人〟と戦う手もありますが、その自信がない人は〝怖い人〟の子分になってしまうかもしれません。それも安全を担保する１つの方法です。

池上　その感覚は、日本人には少し分かりにくいかもしれませんね。これまで間接的に敵と見なしてきた国が圧力をかけてきた時、その国に自ら取り込まれにいくというのは。

鈴置　そうなのです。中国にどう向き合うか、という点で日本と韓国は異なる道を歩むと思います。日本人は、中国が強くなると「負けてたまるか」と思うものです。１８８０年代に中国が海軍力を増強し、ことに日本と向き合う北洋艦隊に巨大戦艦をそろえようとした時、日本政府は海軍増強案を議会に提出しました。いったんは否決されましたが、官吏の俸給を減俸するなどして艦隊を整備し、それでようやく日清戦争に勝ったわけです。
　当時の清と日本とでは、国家の予算規模がまるで違いました。圧倒的に清の方が大きかった。普通に考えれば勝てるはずがない。なのに、言いなりにはならないぞ、という一心で戦う道を選びました。

池上　そういう話を聞くと、日本人と韓国人の単なる個別のメンタリティーの違い、というよりは、むしろ歴史的に中国に対して抱いている感情が日本と韓国では違うような感じがしますね。

鈴置　同感です。日本と中国の「距離」については、日本人自身が錯覚している部分が相当にあるかもしれません。多くの人は同じ漢字文化圏に属するから関係が深いと思い込んでいる。でも、ほかのアジア諸国、例えば高麗や李氏朝鮮と比べると、日中両国は没交渉だったと言っていいほどです。

確かに、漢字を含めさまざまな文化を日本は中国から輸入してきました。江戸時代の儒学者も中国の文献を大量に読んでいます。でも、考えてみてください。江戸時代の儒学者は中国人と会ってもいないし、ましてや中国に留学したこともない。江戸から長崎へ行っただけで「これで中国に近づいた」と喜んだほど〝生身の関係〟はなかったのです。

池上　確かにそうですね。中世以降は、中国との物理的な接触は案外少ないのかもしれません。

鈴置　では、韓国はどうでしょう。李氏朝鮮時代の役人が書いた『熱河日記』という中国出張の記録が残っています。日本語にも翻訳されています。当時の日本の儒学者がこれを読んだら、うらやましがったに違いありません。

李氏朝鮮の高官が家来を連れて馬に乗って清国を往復するのですが、途中、毎日毎日、清国の知識人や庶民と接触する様が描かれています。陸地の隣国同士の身近さには、現代の日本人が読んでもうなるものがあります。朝鮮半島の人々は古来、中国と日常的に接してきたのです。

日本でNHKが放送した韓国のドラマ「宮廷女官チャングムの誓い」に、こんなシーンがあります。李氏朝鮮で次の王様を内定したのですが、勝手には決められません。中国の皇帝が派遣した役人にお墨付きをもらってようやく認められる仕組みです。ところが、この中国の役人が意地悪でなかなか許可を出してくれない。そこでチャングムが得意の野菜料理でその役人の糖尿病を治し、許可もいただける、という話です。

今でも韓国にとって「皇帝」といえば中国の皇帝のことです。日本が「天皇」という中国の皇帝に匹敵する呼称を使うのは、韓国人にすれば大変に生意気な行為なわけです。

池上 今でも、韓国メディアは、「天皇」とは書こうとしませんものね。皇の字を避けて、「日王」と書く。

鈴置 それでも昭和天皇崩御までは、韓国メディアでも「天皇」と表記することがありました。まさに昭和天皇崩御の日、ある韓国メディアが「天皇」と書いていたので、私が速報メディアで「韓国メディアが『天皇』という言葉を使用している」と書いたところ、それがきっかけかどうかは分かりませんが、その後、「天皇」表記はほぼ見られなくなり「日王」という表記になりました。

興味深いのは、韓国人に「エチオピアのナンバーワンは誰だったか」と聞くと、「××

皇帝」と答えることです。中国とは全く関係がない国については「皇帝」表記も気にならない、ということでしょう。

J子とK子と元カレC君の深い関係

池上　韓国には中国に対して、何らかの歴史的コンプレックスを抱いている側面がある、という見方ですね。その話を伺うと、韓国の中国に対する弱腰外交の理由が少し見えてきます。最近、韓国領海内で中国の漁船が不法操業をするケースがニュースになりますが、韓国政府の対応はものすごく弱気に見えます。周りでおろおろしているだけで、まとめて捕まえようという動きにはならない……。

鈴置　「2010年の尖閣事件」での菅内閣の対応を見れば、日本も韓国のことは笑えませんが。中韓漁業摩擦は昔からの話のようです。最近、韓国の新聞で読んだ話ですが、李氏朝鮮時代から黄海の韓国側の海域にも明や清の船がやってきて高級海産物を獲っていく。朝鮮側では取り締まりができずに悔しい思いをしたのだそうです。

池上　現代の中国と韓国の微妙な関係はそこまで遡るんですね。ただ、そんな背景が歴史的にあったとしても、外から見ていると韓国はアメリカの方を向いているように感じます。若者たちは実に熱心に英語を学びますし、アメリカに留学する学生も少なくない。中国に近づこうとする韓国、アメリカに憧れる韓国、どちらがより実態を表しているんだ、と。

鈴置 『朝鮮半島201Z年』でも書いた話ですが、例え話をしましょう。ある村にJ子とK子という女の子がいます。ふたりはお金持ちで力も強いUS君をボーイフレンドとしてシェアしていました。ある日突然、K子が「隣村に住む、元カレのC君とよりを戻す。もう、この村には戻ってこない」とJ子に言うのです。驚いたJ子が「今、幸せじゃない。なぜ、おっかない元カレのもとに？」と聞くと、K子は「あの男とは、他人には分からない深い因縁があるのよ」（笑）。

J子はあっと気がつきます。K子とUS君の付き合いはせいぜい数十年ですが、元カレのC君とはもう何千年も付き合っていたんだと。J子は自分がC君と付き合ったことがなかったので、K子がC君とよりを戻す、という可能性に気づきもしなかったのです。

しかも、K子は過去に2度、US君に裏切られている。2度目はアチソン声明の時、1度目は桂・タフト協定の時です。

韓国では「米国は韓国を防衛線の外に置いたつもりはなかった。北がアチソン声明を誤解した」と説明されています。でも、公平に考えて、声明当時の米国は韓国を見捨てた。この言い方がきつければ、韓国の将来など考えもしなかったと思います。もっとも、いざ韓国が侵略されると米国は軍事介入し、自国の青年の血を大量に流して守ったのですが。

池上 桂・タフト協定というのは、1905年に日米間で結ばれた協定ですね。非常に簡単に説明しますと、日本はアメリカの植民地であるフィリピンには手を出さない代わりに、韓国では支配的立場に立っていいというものです。

鈴置　1882年に、李氏朝鮮は米国と米朝修好通商条約を結んでいます。これにより、李氏朝鮮は「何かあったら助けてやろう」と米国から約束されたと信じた。しかし、桂・タフト協定で韓国の思いは簡単に裏切られたわけです。

池上　韓国の歴史をひもとくと、アメリカに対しては複雑な感情が積み重なっている。となると、はるかに古い付き合いのある、わがままなところがたくさんある中国の方が、やはり付き合っていくにはいい相手じゃないか……というのが鈴置さんの見立てですね。一方、日本の立場からすると、韓国が感じているほど中国に魅力を感じてはいないのかもしれません。

鈴置　そもそも、日本は中国文化圏の一員だったとは言い切れない部分があります。大陸アジアとの親和性は、地続きの国々と比べはるかに低い。島国であるがゆえに、独立と言いますか孤立していたのだと思います。しばしば、同じ島国である英国と欧州大陸との関係と比較されますが、ドーバー海峡と比べ、日本海は大きいですからね。

国際政治は再び「地政学」の時代に戻った

池上　サミュエル・ハンチントンは『文明の衝突』の中で、日本を独立した文明国として描いています。それを読んだ時は、こんなに日本を持ち上げていいのかなと思ったのですが、今の鈴置さんの解説を伺うと、「やはりそうだったのか」と腑に落ちます。やはり島国だったことが大きいのでしょうね。

鈴置 そう思います。一方で、中国と朝鮮半島は支配、被支配の関係にあり、長い間、中国は朝鮮半島の国を正式の――というのも変ですが、宗属国として扱ってきました。朝鮮半島の人々も中国とのそんな関係を、今になっては「格好いい」と思わないにしろ「慣れてはいる」のだと思います。

韓国人に言われたことがあります。「日本は島国で気楽でいいね」。中国の圧迫を受けにくいという意味です。冗談で「でも、韓国は地震も台風もほとんどないから、その分、日本をうらやむ必要はないのでは」と言い返したのですが、言いながらふと思いました。「日本人にとって地震や台風は避けようがなく、嫌でも受け入れるしかない。韓国人にとって中国とはそんな存在なのだな」と。

その意味で、韓国人の中国への向き合い方を研究する価値があるのだと思います。韓国のやり方をそのまま日本が使えるわけではありませんが、貴重な情報です。ことに今、元寇以来初めて、中国の艦船が日本の周りに押し寄せてきているのですから。

こうした話は新鮮に聞こえるかもしれません。ただ、歴史を振り返り、地理を学べば当たり前の話でしょう。その当然の話をなぜ私たちが今ここで改めて議論しているのか――。それ自体が面白いと思いませんか。

池上　なぜでしょうか。

鈴置　国際政治が「地政学」の時代に戻ったからだと思います。

池上　地理的な環境や条件が国際政治の方向性を決めるということですね。インターネットがこれだけ発達し、人類はむしろ地理的な制限から解き放たれたように思いますが……。

鈴置　国際政治に関していうと、むしろ逆です。1945年の第二次世界大戦の終了後、世界は資本主義陣営と共産主義陣営とに分かれました。いわゆる東西冷戦の勃発です。世界を分けたのは地理ではなく、イデオロギーです。この時は、同じイデオロギーを持つ国同士がスクラムを組んで、敵方陣営ににらみを利かせ合っていました。

日本と韓国はアメリカの子分で、西側陣営の一員でした。事実上、52番目だか53番目だかの州のごとく、アメリカの方針に従ってきた。ところが80年代末から90年代初頭にかけて、アメリカと旧ソ連とを西と東のボスと戴く冷戦という名のイデオロギー対立が終わりました。新たに生まれたのが台頭する中国と、比較優位を失うアメリカとの対立関係です。それに皆が気づいた瞬間、地政学が再び重みを持つようになったのだと思います。

池上　それは興味深い指摘です。中国がチベットを絶対に手放さないのは、チベット高原にインド向けの核ミサイル基地があるからです。今でこそ中国はインドと良好な関係を築こうともしていますが、もともとは中印戦争で戦った敵国同士の時代がありました。

そこで、地政学的に興味深いのがブータンです。国民総幸福量（GNH）の概念で知られ、2011年は国王夫妻が来日し、日本では平和国家の象徴のように語られるブータンですが、実は国境を接している中国と国交を結んでいません。ブータンはチベットと同様にチベット仏教の国です。

となると、疑問がわきますね。なぜ、四国ほどの面積に70万人しか住んでいないブータンが、かつてのチベットのように中国に吸収されずに生き残れてきたのか、と。実は、ブータンはインドと手を組み、インドからさまざまな援助を受けている。

事実、ブータンにはインド軍が駐留していますし、ブータンも豊富な水力を活かし、水力発電で起こした電気をインドに輸出しています。先ほど触れたブータン国王夫妻は、新婚旅行で日本に来る前に、まずインドに挨拶に行きました。まさに、地政学的なバランスをとって、サバイバルしているのがブータンです。

鈴置　ブータンがインドに接近するように、韓国があえてアメリカと距離をおいて中国に接近する。その結果、今度は北朝鮮がアメリカにすり寄る――といった展開にならないとは言い切れません。イデオロギーで政治が動くのではなく、地政学的なリアリズムで政治が動き始めたのです。

そんな地政学の時代に、中国にとって痛恨の一撃だったのが、ミャンマーの急激な民主化です。東南アジアでもっとも中国に近かったはずのミャンマーが、アメリカや日本、欧州にさらわれかけている。

池上　ミャンマーの民主化は衝撃でした。中国にすれば、すっかり自分のものになっていたはずのミャンマーが民主化によって一気に欧米と近くなってしまったのですから。

ミャンマーが軍事政権下にあり、アウン・サン・スー・チー氏を幽閉していた期間、アメリカはミャンマーに対して強硬的な姿勢を崩さず、日本に対しても軍事政権下にあるミャンマーへの援助をやめろと通告していました。

日本は素直にやめたふりをして、実際には生活物資の支援だけは続けていました。アメリカはもちろん承知していましたが、あえて目をつぶりました。２０１１年からの急速なミャンマー民主化に伴い、アメリカはここへきて急激に援助を始めようとしています。

鈴置　１９９７年、アセアンがミャンマーの加盟を認めた時、欧米からは「アジア人は人権というものを分かっていない」と厳しく批判されたものでした。「クーデターを起こした軍事政権を認めるのか」とも。しかし、アセアンはミャンマーを受け入れた。最近、あるアセアン加盟国の外交官に会ったら、こう言っていました。「当時、我々がミャンマーを孤立させていたら中国陣営に完全に行って戻ってこなかったろう」。同感です。

そのミャンマーがなぜ一気に民主化に傾いたのか。ある専門家によると、支配を強める中国への反発もありましたが、同じ東南アジアのベトナムやタイに比べて経済成長が遅れた、負けた、という悔しさの方が大きかった、というのです。私はこの説にとても惹かれます。

池上 東南アジア地域では、何百年もの間、ミャンマー＝かつてのビルマがナンバーワン国家でした。軍事政権下のミャンマーはいったんイデオロギーに傾きましたが、まるで歴史を数百年さかのぼったかのように、地政学的な見地から民主化の道を選んだ。

そう考えると、東西冷戦を1つの型として国際政治を眺めてしまう私たちの思い込みを大きく修正する必要がありそうですね。あらためて近代以前のように、地政学的な見地から考えないと、むしろポスト冷戦時代の国際政治は見えてこない……。マスメディア自身がまずこの古い構図から脱却し、事実関係そのものを見たうえで仮説を立てられるようになるべきですね。

さて、そんな地政学の時代に、アジアの安全保障はどう変化するのか、それについて考えたいと思います。

中国大陸を攻めるには黄海の海上優勢が必須

池上 アジアの安全保障のカギを握るのはやはり大国である中国。その中国は今、海での軍事力増強に余念がありません。ワリャーグという1980年代に旧ソ連が建造した空母もどきの航空巡洋艦を買い取って修理し、「遼寧」と命名して誇示していますね。将来、台湾の併合を目指した時、アメリカの介入を念頭に置くと、中国近海での軍事力を強化しておくのは必須というわけです。

そこで鈴置さんに質問です。台湾併合も含めた近海での覇権のために海軍のパワーアップを図るというところまでは読めるのですが、その先、中国は何を目指しているのでしょうか。

鈴置　10年前から中国には2つの考え方があったと思います。まずは、国内の充実を図るという発想です。驚異的な成長を遂げたとはいえ、貧富の格差は大きい。国内に山積する問題の解決にまずは全力を注ごうというわけです。

もう1つは、そろそろ外に向かって威を張るべきだ、という考え方です。海軍力を一気に増強し、米国と対等に渡り合えるようにすべきだ、というわけです。最近は後者の意見が大勢を占めているようです。自らが予想外に成長したことに加え、米国の弱体化がこれまた予想外に早く始まったかに見えるからでしょう。

毎日のようにニュースで流れる中国のフィリピン、ベトナムなどとの領海・領土を巡る摩擦。もっとも、中国が日本の尖閣諸島にも手を伸ばして来て、日本人はようやく中国の脅威を実感するようになりました。ただ、私は南の海だけではなく、黄海にも注目すべきと思います。

黄海は首都、北京の玄関。中国にとって極めて重要な海です。日清戦争も日露戦争でも、日本が開戦劈頭にこの海で清国やロシアの海軍を打ち破り、海上優勢を確保しました。海洋勢力が中国大陸に攻め入るには、黄海の海上優勢が必須だからです。逆に中国からすれば、国を守るためには黄海の海上優勢を維持するのが必須です。

黄海の西側は中国、東側には朝鮮半島があります。中国と韓国の間では黄海のEEZ（排他的経済水域）に関する主張が食い違い、まだ、境界線を画定していません。

そして今、黄海の入り口にある「Sokotra Rock」という暗礁を巡り、中韓がもめ始めました。この暗礁はそれぞれが自国のEEZ内にあると主張し、中国は「蘇岩礁」、韓国は「離於島」と呼んでいます。2003年、韓国はこの上に海洋科学基地を作りました。中国は抗議しましたが、大きな紛争にはなっていませんでした。

それが2012年3月、突然に中国政府高官が「蘇岩礁周辺を含め我が国のEEZのパトロールを強化する」と語ったのです。韓国では「中国が空母を投入し攻めてくる」と大騒ぎになりました。4月下旬には中国とロシアの海軍が黄海で大規模演習を実施しました。黄海にも波風が立ち始めたのです。

池上　尖閣諸島の問題と全く同じですね。日本が尖閣諸島を自国の領土だと主張する根拠の1つに、日本は中間線、つまりEEZの境界を定める基準線より日本側にあるからと言っているのに対して、中国は、「大陸棚は自国の陸地の延長上にある」として、尖閣諸島は自国のものだとしている。

鈴置　中国は大陸棚理論をもってして蘇岩礁を含む黄海の広い範囲が自国のEEZである

と主張しています。一方、韓国は中間線理論をもって離於島を含む海域を自国のＥＥＺと主張しています。李明博政権は韓国メディアに「韓国の論拠である中間線理論は国際的にも認められつつあるから、談判したら我が方が必ず勝つ」と説明しています。

ところが、韓国は日本に対しては中間線理論ではなく、大陸棚理論を主張しています。東シナ海にある第７鉱区と呼ばれるエリアは、中間線理論では明らかに日本のものですが、大陸棚理論では韓国のものにもなる。だからこの件については、韓国は大陸棚理論に立っているのです。

池上　韓国は、領土に関してダブルスタンダードを展開してしまったわけですね。

鈴置　ええ。ですからＥＥＺ画定交渉の場で中国が「日本に対しては大陸棚理論を主張しているじゃないか」と突くかもしれません。いずれにせよ、仮に交渉しても容易にはまとまらず、「ＥＥＺは未確定」という結論に落ち着くでしょう。

池上　もし、そうなったら韓国としては大失態ですね。その際、離於島はどうなるでしょうか。

鈴置　中韓で共同利用することになるかもしれません。中国は「共同利用すればこの不法建築を見逃してやる」と言いだすかもしれません。ここで「何かあれば空母『遼寧』――旧名ワリャーグですが――を出すぞ」という無言の脅しが効いてくるわけです。

韓国人に「共同利用を持ちかけられたらどうするのか」と尋ねると、ほとんどの人が「ノーに決まっている」と言います。しかし「中国は韓国の論理の弱点をこう突いてくるはずだ」と指摘すると、それを考えてもいなかった韓国人は黙ってしまいます。外交に関し、韓国人は自国政府のプロパガンダだけを聞いて自分だけに正義があると思い込んでいます。その結果、中国のしかける簡単なワナにもはまってしまうのです。

中国がこれから黄海の海上優勢を確立していこうとするのは確実です。安全保障専門家は「中国は精密誘導型の弾道ミサイルなど、新しい軍事技術によって米空母打撃部隊の接近を防ぐ戦術をとる」と予想していますが、外交手段によってもそれは実現できると思います。韓国に対しては、さきほど名前の出た「遼寧」はその大きな武器となり得ます。韓国はこれに恐れをなしていますしね。

空母「遼寧」に動転する韓国

池上 中国が空母を所持したことによって韓国が「恐れをなして」いるというのはどういう意味でしょうか。

鈴置 2011年秋、まだ「ワリャーグ」と呼ばれていた「遼寧」が黄海で試験航海をしました。その時、韓国の大手紙にこんな漫画が載りました。両方に断崖絶壁があって、その間につり橋がある。そのつり橋を韓国が渡っている。片方の崖にはアメリカの国旗、もう片方の崖には中国の国旗。その図を物差しで測ってみましたが、韓国はそのちょうど中間に描かれていました。

池上 まさにどっちにつくか、という話ですね。しかし、中国が空母を1つ持っただけで、韓国がそこまで動揺するものでしょうか。

鈴置 日本人は空母が脆弱なものと知っています。航空機用の燃料と爆弾を積んでいるので攻撃を受けると炎上しやすいからです。ミッドウェー海戦で沈んだ日本の正規空母4隻はいずれも火災が原因でした。これは火災ではなかったのでしょうが、戦争末期、戦艦大和と同じ大きさの超巨大空母「信濃」も、たった魚雷4本でやられてしまいました。

池上 駿河湾沖で、アメリカ軍の潜水艦にやられて沈んでしまいましたね。

鈴置 ところが、韓国は空母を持った経験がありません。逆に、北朝鮮や中国に対して、韓国は何かあるとアメリカの空母を使って脅してきたのです。

2010年3月の哨戒艦「天安」撃沈事件の直後、韓国の大手紙の北京特派員が中国人に向け、すごい原稿を書いていました。「空母が怖いだろう。この事件を北朝鮮の犯行と認めないなら、米空母が黄海に向かうことになるぞ」と。中国メディアには「トラの威を借りるキツネを成敗しよう」という書き込みがあふれました。韓国は他国を米国の空母で威嚇してきただけに、空母で脅されるという初めての経験に動転しているのです。

私が中国だったら、EEZ交渉で韓国にこう持ちかけるかもしれません。「黄海を友好、平和の海にしよう。その証しに、沿岸国以外の海軍艦艇が入るのを拒否しよう」。中国は米海軍の艦艇が、ことに空母が黄海に入ることを極度に嫌っています。

仮に韓国が中国と「友好、平和の海」に合意しても、米国は航海の自由を楯に、いざという時は黄海に入り続けると思います。しかし、「天安撃沈事件」や同じ年の11月に起きた延坪島砲撃事件の後のように「韓国の要請に応じて艦艇を派遣する」ことは難しくなる。こうした手管も使って、中国は黄海の内海化を進め、同時に米韓同盟にクサビを打ち込んでいくと思います。

韓国への圧迫は日増しに強まっています。ついに、2012年1月には韓国の親米の保守系紙にこんな記事が載りました。「アメリカとの軍事同盟を維持しながら、中国ともできる限り深い水準の軍事的関係を持とう」。つまり米中双方と軍事同盟を結びたいということです。

もちろん、米中が対立の度を深めるにつれ、韓国人のこの希望ははかない夢に終わるでしょう。ただ、韓国の知識人の間には、左右を問わずこうした意見が急速に増えています。〝中国の毒〟が韓国の全身に回り始めたのです。

韓国は揺れています。保守派はある時は米中双方と同盟できないかと考え、ある時は核を持とうと願う。北朝鮮の影響下にある左派は、また別の方向に揺さぶります。

19世紀末、宗主国たる清の傘下に居続けるか、新興の日本と組むか、軍事力が最も強大なロシアを頼るかで揺れに揺れ、国論がまとめられなかった李氏朝鮮が思い出されます。

池上　その中で、日本はどうしていくべきでしょうか。日本には中国という元カレはいないので、韓国のようにはなり得ません。やはり日米同盟堅持ということなのか。

「核兵器を造ろうと思えば、日本はいつでも造れる」

鈴置　日本には「ひゅうが」と「いせ」という護衛艦があります。ただ、護衛艦と呼びましたが、それはあくまでも日本政府の公式見解です。垂直離着陸型の戦闘爆撃機を海上自衛隊が導入すれば、空母として運用できる。今後はこうした意見が増すと思われます。ただ、空母としての運用については日本にも反対する人が出るでしょう。左派だけではなく保守派からもです。日本が空母を持ったら、米国との関係が悪くなるとの懸念からです。

米国に「日本が自分と競う国になると考えられてはいけない」というわけです。たった20年前、アメリカ人の中には「日本が米国を超えるのではないか」と警戒する人もいたぐらいですから。自衛隊の中にも、米国との同盟を維持するには、あくまでジュニアパートナーにとどまるべきだという人が多いようです。今、申し上げたのは空母の話ですが、実は、核保有に関してもこうした論議が起きると思います。

池上　全くその通りです。例えば、青森県の六ヶ所村での再処理に、日本はたいへんこだわっています。何としても自国で処理をすると。ああやっておけば、造ろうと思った時にいつでも、自国内でプルトニウムを取り出し、核兵器を造れるからです。もちろん日本は造らないという前提に立っていますが、しかし、核兵器を造る能力があるんだということを、世界に示しています。

Ｈ２型ロケットでも話は同じです。海外から見れば、あれは北朝鮮のミサイル以上の性能を持っています。いつでも大陸間弾道弾に転用できるわけです。でも、日本の多くの人たちはそんなことを思っていませんよね。

いずれにしても、「日本は造ろうと思えばいつでもすぐ造れる」という潜在能力を維持しながら、しかし造らないという選択をしているんだという姿勢でいるから、とりあえず周りの国とうまくいっていて、アメリカとの関係も悪くないわけです。

鈴置 日本の空母や核兵器の保有を抑止してきたのは米国です。でも、今後、このあたりの議論が盛んになっていくと思います。「抑止」という言葉は、誤解を招く言い方かもしれませんが。

池上 まさに「日米安保は瓶の蓋」ですね。サイダー瓶の蓋です。日本があふれ出てこないように、アメリカが蓋をしている。

鈴置 ただ、米国はいつまでも強い国ではありません。経済力が弱り、例えば空母の数を今の水準に維持できなくなったら、どうするか、です。

池上 私は２０１２年秋のアメリカ大統領選挙を取材しました。その時に注目したのは、共和党の候補者へ名乗りを上げている、ロン・ポール氏でした。

彼の主張は、簡単に言うとこうです。

「政府は小さな方がいい。税金は少ない方がいい。なぜアメリカ軍は多額の税金を使って、世界中でよその国を守っているのだ。世界中のアメリカ軍基地を直ちに撤去しろ」

私は彼を熱狂的に支持しているオハイオ大学の学生に話を聞きました。

「アメリカがそんなふうに撤退したら、世界は不安定になるんじゃないか」

すると彼に、逆にこう言われました。

「お前は日本人か。日本にアメリカ軍基地が欲しいのか」

さらにこう言われました。

「日本は偉大な国なんだから、自分のことは自分で守れるだろう」と。

別に彼は、日本だけを持ち上げているのではないのです。韓国も偉大な国なんだから、朝鮮半島は韓国が守ればいい、イスラエルは中東で最大の軍事国家なのだから、自分で守ればいい、アメリカが支援する必要はないとまで言う。これには驚きました。

こうした主張が今、アメリカの若者からは絶大な支持を得ています。

理由は2つ考えられます。1つは、税金は少ない方がいいという、ティーパーティーの流れを汲んだもの。それからもう1つは、自分たちが将来戦争に行くのは嫌だというものです。ロン・ポール氏は共和党の候補者には選ばれませんでしたが、相当の支持があることは確かです。

鈴置　正直なところ、世界がドルを基軸通貨としていたために米国はどれだけ楽をしたか分かりません。困った時にはドルを印刷すればいいのですから。ドルへの信認は強大な米国の軍事力が支えてきたわけです。しかし、軍事力の低下とともに「ドル中心主義」も衰えていくのでしょう。その時、世界は、そしてアジアはどう変わるとお考えですか。

池上　人民元通貨圏が東アジアでどう広がっていくかという話にもつながりますね。一足飛びに世界の通貨にはなり得ませんが、ベトナム、ラオス、カンボジア、ミャンマー、さらにはカザフスタンでは、人民元でいろいろな取引がされています。ここにも軍事力の裏付けがあるんですね。

この点は、普段、日経新聞の為替欄だけを読んでいる人たちには、なかなか気づけないことかもしれません。

鈴置　私が韓国を研究する理由は、そこに尽きます。韓国は変化に対して過剰に反応します。一方、日本は非常に鈍感です。それも無理はありません。中国の影響だってまず韓国がもろに受け、日本に波及するのはそのだいぶん後になります。

例えば、大陸勢力が日本に攻め込んできた「元寇」。その40年以上前に高麗は元と戦って完敗し、全国土を支配されました。当時の日本政府――鎌倉幕府も高麗の状況を必死で観察し、九州の防備を固めていたと思われます。つまり、韓国の動きを見ることで、東アジアの未来が観察できる。

「会津人が長州を憎んだように」

池上　なるほど。韓国を通して東アジアを眺めるという視点は斬新ですね。ここで、別の角度で質問しますが、なぜ韓国の政治は左派が強いのでしょう。

鈴置　２０１２年４月の総選挙では「中道保守の与党、セヌリ党が勝った」と報じられました。でも、事前の予想ほどには議席を減らさなかったということに過ぎません。セヌリ党の議席数は１６２から１５２に減り、全３００議席の過半数をかろうじて確保したにとどまりました。得票率でも保守・中道保守の合計と左派の合計は互角でした。

同年12月の大統領選挙でも左派の文在寅《ムン・ジェイン》候補は48・02％もの票を集めました。風向きが少し変わっていたら、米韓ＦＴＡ再交渉を掲げる大統領が誕生していました。米韓同盟も大きく揺れていたことでしょう。

韓国で左派が驚くほどに力を持つ理由ですが、まずは日本とのアナロジーで説明できると思います。昭和30年代から40年代にかけて日本は「左」の時代だったと思います。「軍国主義はもうこりごり」という雰囲気が根強く、たとえば防衛大学校に進学する高校生は都市部では「少し変わった子」に見られたりもしました。旧軍部に対する反感から、誰が国を守っているのか、その現実をまっすぐに見る人が少なかったのです。もちろん、当時は左派の学生運動も盛んでした。

池上 そうですね。その時代の空気はよく覚えております。

鈴置 韓国は1960年代初めから長い間、いわゆる「軍事独裁政権」下にありました。民主化宣言が出されたのは1987年です。今もなお、軍事独裁政権時代への反発が色濃いのです。右寄りの発言をすると怪訝な目で見られる空気があります。

池上 なるほど。もう、1987年からは約25年経っている。太平洋戦争が終わったのは45年で、その25年後は70年。70年と言えば、よど号ハイジャック事件が起きた年です。そう考えると、左翼にあらざれば人にあらずとでもいうような雰囲気が漂っているのは理解できます。

鈴置 軍事政権下での人権侵害は相当にひどかった。こいつは共産主義者だと思われたら捜査令状もなしで拘束され、拷問され、時には殺されました。家族も事実上、連座しました。左派と見なされた人々は家族も含め、今も怨念があって「強力なアンチ保守」を続けています。

日本人は、韓国に親・北朝鮮の人々がいるという現実をなかなか信じられません。豊かな民主主義国の国民がなぜ、人権なぞかけらもなく、恐ろしく貧しい北朝鮮を支持するのか、理解するのは難しい。

彼らは必ずしも北朝鮮の現状にシンパシーがあるのではありません。自分を拷問にかけた軍事政権の敵、つまり「敵の敵は味方」という心情によるところが多いと思います。

韓国の持病たる激しい内部抗争は「左右対立」と呼ばれたりします。でもそう呼ぶから誤解を与えるのでしょうね。イデオロギー対立よりも怨念による対立と言った方が正確だと思います。

私は韓国が民主化した1987年から5年間ソウル支局に勤務しました。当時から韓国の知識人は「対立は当分の間、続くと思う」と語っていました。「あなたの国、日本で例えれば、会津の人々が長州を少なくとも一世代は憎んだのと同じです」とも。

池上　なるほど。それは説得力がありますね。

鈴置　もう1つ、今の韓国の経済状況は、血盟団事件で團琢磨が暗殺された当時の日本に似ています。

回復後の〝果実〟を独り占めした財閥

池上　團琢磨というのは、昭和初期の日本の実業家ですね。三井鉱山を率い、後に三井財閥の総帥を務めましたが、昭和恐慌では三井がドルを買い占めたとして財閥批判の矢面に立つ格好になり、暗殺されました。

鈴置　今も韓国では財閥が跋扈しています。韓国の大企業は、旧国営企業を除いてほとんどが家族支配の財閥です。もし日本で、ＮＴＴとＪＲと新日鉄以外がすべて同族会社だったらと考えてください。きっと大変な閉塞感に襲われるでしょう。

韓国でなぜ、財閥がこれだけ力を持つのか。答えは簡単です。日本と同じような相続税制があるにもかかわらず、ちゃんと税金をとっていないからです。2004年に日本で発覚した、旧・西武鉄道グループの有価証券報告書虚偽記載事件のような手口を使って、ファミリーが財閥の支配権を維持し続けています。

私は30年前「韓国の財閥も世代交代によりオーナーの持ち株比率も下がって、家族支配の財閥から、いずれ普通の投資家が株式を分散して持つ普通の企業集団に変わるだろう」と考えていました。でも、それは美しい誤解でした。役所はもちろん、司法もほとんどのメディアまで財閥に取り込まれていて、10年間続いた左派政権でさえ、財閥の正常化に取り組みませんでした。

池上　国民に不満はないのですか。

鈴置　もちろん、財閥はけしからんという声は常にくすぶっています。韓国の保守派の中には、「財閥の言語道断の行いにより、世論が左傾化する。北朝鮮は大喜びだ。財閥こそが北を助けている」と怒り心頭に発している人もいます。

池上　その点は、戦後の日本とは少し違うところですね。1960年代から70年代にかけての学生運動では、アメリカによって経済が民主化され財閥が解体されてしまっているため、目に見える巨大な敵が存在しませんでした。

鈴置　目に見える敵がいるかいないかは大きな差ですね。一昔前、日本の左翼は「太った社長が葉巻をくゆらして労働者を踏みつけにしている」マンガをビラに描いたものです。しかし、現実には絵に描いたような資本家は大かた消滅し、しがないサラリーマン社長ばかりになったので、労使対立も左右対立も韓国と比べればおとなしいものに終わりました。

現在の韓国人は、戦後25年が経過した時点で日本人が旧軍に対し抱いていた不信感を保守派に対し持ち、財閥に対しては日本人が戦前に抱いていた憎しみをくすぶらせているといえます。

以下は半分冗談ですが、韓国の激しい社会対立の原因がもう1つあります。韓国では日本以上に格差が拡大しています。そのうえサムスン電子と現代自動車がとても儲かっています。

一方、日本では多くの大企業の業績が低迷しています。日本人は格差に対する不満を大企業にぶつけようにも、企業も赤字だったりするのでそうもいかない。日本企業のふがいなさこそが、日本の社会的安定に役立っている、という構図です。

先日、大手企業の幹部が集まる席で「なぜ、韓国は社会的葛藤が激しいのか」という質問を受けました。この説を披露し「商売下手な日本のトップのおかげで日本はとても平和です」と申し上げたら、皆さん苦笑しておられました。

池上　うーん、本質的に考えると日本にとっていいことではなさそうですね。

鈴置　もともと、韓国経済の中で占める比重の大きかった財閥が、さらに強くなったのは

１９９７年以降です。

池上　アジア通貨危機ですね。ＩＭＦ（国際通貨基金）による韓国の救済は、97年から始まりました。

鈴置　あの時、韓国は価値観も大きく切り替えました。それまでの日本モデルから米国モデルに、です。韓国は終身雇用、年功序列など日本を忠実になぞっていましたが、ＩＭＦ危機で企業は従業員を大量に馘首せざるを得ませんでした。当然、日本モデルは廃棄するほかはなく、代わりに激しい社内競争と超合理主義を旨とする米国流を取り入れました。

また、企業は正規従業員を馘首した後、作業量が戻っても非正規雇用の採用でしのぎました。これで所得格差は一気に広がりました。日本の格差問題とは比べものにならないほど激しいものです。社会全体に「生き残りのためには何をやってもいい」という空気が根付きました。それは米国発の「新自由主義」として認識されたのです。

ＩＭＦ危機から15年たちました。現在の状況は以下の通りです。サムスン電子や現代自動車は大儲けする。なのに、若者の失業率は上がる一方。年金制度も整っておらず、退職の始まったベビーブーム世代の生活難が顕在化した。というのに、財閥の息子や娘の違法・脱法相続は見逃されたまま……。

韓国人の今の心情をひとことで言えば、以下と思います。

「企業の身勝手な馘首も受け入れて、皆で力を合わせてＩＭＦ危機を乗り切った。だが、果実は財閥だけが持っていった」

ＩＭＦ危機に陥ったのも米国の陰謀のためと信じられています。格差社会も米国式の新自由主義導入の結果と見られていますから、こうした社会的な不満が反米ムードを醸し出していく可能性があります。

池上　お話を伺っていると、マスメディアの韓国についての報じ方について、反省しなくてはならない点が多々あることに気づきますね。「サムスンはすごい、なのにソニーは、パナソニックは何をやっているんだ」とか、「韓国のエリート学生はサムスンに憧れている」というような韓国企業礼賛論を描くのは実に簡単なのですが、なぜサムスンが短期間のうちにここまで強大になったのか、そのプロセスを韓国国内から見ると、必ずしも手放しで賞賛できる話ばかりでないことに気づきます。

実際、韓国には、憧れのサムスンに入っても「こんなはずじゃなかった」「もう嫌だ」と、自ら去っていっている人もたくさんいるはずなのに、それがなかなか伝わってきませんね。

鈴置　日本の企業や経営者がだらしない、という点は間違っていないと思います。ただ、韓国も大きな問題点を抱えていることを見逃しては判断を間違えます。例えば、個人の間だけではなく企業の間の格差も広がっています。

毎日経済新聞という韓国紙が面白い記事を載せたことがあります。２０１２年１～３月の上場会社の決算を集計すると増収増益。しかし、サムスン電子と現代自動車グループを除くと、増収減益。「ビッグ2」の好調さに隠れて見えにくいけれど、実はほとんどの会社の利ザヤは薄くなる一方、というのです。

地政学の時代には各国が国益を露骨に追求し始める

池上 今回の鈴置さんとのお話をまとめましょう。入り口は、北朝鮮のミサイル発射問題でした。でも、裏を返すとそれは韓国の微妙な国際政治の問題とセットだった……。

鈴置 そうです。1998年から10年間続いた韓国の左翼政権が北朝鮮を甘やかした。もし、韓国が多額の援助をしなかったら、北朝鮮はミサイルや核兵器を造る資金を確保できなかったでしょう。そもそも、北は90年代半ば以降、経済的に息も絶え絶えの状態でしたから、韓国の左翼政権が助けなければ国家が崩壊していた可能性もあったと思います。

朝鮮半島を俯瞰してみれば、北の核ミサイル問題の背景には南の左翼政権があり、左翼政権誕生の根には韓国特有の激しい国内対立があったわけです。半島からズームを引き視野を世界に広げれば、北の核ミサイル問題の根には冷戦体制の崩壊に伴う北の孤立・困窮化があり、さらには最近の米国の比較優位の喪失・中国の台頭があります。

池上 そもそもアメリカが弱体化して、他国の安全保障に積極的ではなくなりつつある、という変化も、この問題を複雑にしています。

鈴置 全くその通り。2000年頃までは、北朝鮮も中国も米国の顔色を必死で窺っていました。9・11の際の米国への弔電でも、日本より北朝鮮の方が早く打ったという記憶があります。北朝鮮は犯人と間違えられては困ると考えたのかもしれませんが……。それが今では中国も北も舐めたものです。

池上　そういった状況を踏まえたうえで、では、日本はどちらの方向へ進むべきでしょうか。

鈴置　困ったことに、講演しても最後には必ずそれを聞かれます（笑）。私には「どうすべきだ」などという大それた話はできません。ただ、アジアの先行きを読むのも仕事の1つですから、それを申し上げます。

まず、ずっとお話をしてきましたように、世界は地政学の時代に戻ったということです。冷戦時代は超大国が傘下の国をコントロールしましたから、個別の国は国益をむき出しにしにくかった。ところが地政学の時代に戻ると、国益の追求が露骨になる。

例えば竹島問題。冷戦の最中、実効支配する韓国は日本を挑発しなかった。そんなことをすれば、「身内で戦うのはよせ」と米国に怒られてしまうからです。しかし、1990年代になって冷戦の終結が確認されると、韓国の歴代政権は「独島――竹島の韓国名ですが――は我々が取り返したぞ」と、国民の前で快哉を叫ぶようになりました。もう誰にも怒られない。李明博大統領の竹島上陸も、そんな空気の中で起きました。

韓国では「対馬も取り返せ」という声があります。日韓首脳会談で韓国の大統領が「対馬を返せ」とは言わないでしょうが、仮に日本の首相が「対馬は日本の領土だとこの場で認めろ」と言った際、さて、素直に応じるかどうか。大統領が簡単に「イエス」とは応じられない空気が韓国には生まれました。

日本は近隣の国々に対して過去に比べより強い態度を見せていくだろうと思います。日本のリベラルを自任する人々は中韓と一緒になって「日本が右傾化した。まだ我々は過去への反省が足りない」と大騒ぎするでしょうが、「右傾化」という言葉を「国のことをより考える」と定義するなら、世界全体が「右傾化」していくのです。

日本は中国に対しては、韓国に対して以上に明確にファイティングポーズをとるようになるでしょう。中国による脅威は、韓国のそれとは異なり日本の死活がかかるからです。今後、日本は韓国という国を、日中関係の文脈の中で認識し対応するでしょう。例えば、韓国が現在建設中の済州島の海軍基地に中国海軍の艦艇を引き込んだら、日本も韓国を明確に敵と認定することになるでしょう。その際に気をつけるべきは、日中戦争の際に犯した過ちです。

池上　それはどういうことでしょうか。

調子に乗って世界中を敵に回す中国

鈴置　日中戦争は、軍事的には日本が勝ちましたが、戦略的には負けた戦いでした。局地戦では次々と勝利を収めるものだから、日本の軍隊は調子に乗ってどんどん攻めていく。そしてついに上海租界という欧米の利権を侵してしまう。これで世界中を敵に回してしまった。大局観がないといいますか、戦略性がないといいますか……。軍事的に弱かった中国が、そこを突いて政略で勝ったのです。

昔の日本のように今、中国が調子に乗って世界中を敵に回し始めました。日本がこの状況を上手に生かし、中国のオウンゴールを誘っていけばいいのだけれど、戦略的思考が苦手な日本人に、それができるのか……。

池上 尖閣諸島問題がそれですね。中国側にも、今後こそという気持ちはあるかもしれませんね。先日、東京大学の加藤陽子教授も新聞に書いていました。今の中国には戦前の日本の空気が漂っていると。

成長期ですから、イケイケどんどんで、端緒さえつかめれば、これまでのいろいろな恨みやコンプレックスを晴らしてやろうという気にはなっているでしょう。

鈴置 かつて、高橋亀吉というエコノミストがいました。

池上 ええ、東洋経済の編集長も務められた、かなりリベラルなイメージのある人です。

鈴置 彼が1936年に出版した『支那経済の崩壊と日本』という本があります。当時の日本人の心境が率直に語られています。要約するとこうです。

「西欧と比べ近代化に後れをとった日本。それを挽回するために日本人は驚くべき安い賃金で働き続け、ようやく独り立ちした。さあ、これから世界に伸びようとすると、既得権を持つ西欧国家が邪魔してくる。それを打破しないと我々は生き残れない」。今、中国人と話すと全く同じことを言うので驚くばかりです。

池上 悪いのは自分たちではなく、そういう状況に追い込んだ存在こそが悪いということですね。だから自分たちには、多少のことは許されると。

そう考えると、中国がこれからどうなるかを予測する時に、戦前の日本はどうだったのかを分析すると、全部がアナロジーにはなりませんけれども、学ぶべき点が多々ありそうですね。

鈴置 〝日中アナロジー〟をある中国人にしたら嫌な顔をされました。てっきり「軍国主義の日本」と「社会主義の中国」を比べるな、ということとかと思ったら、別の理由でした。日本のような「小国」と中国のような「大国」を一緒にするなということでした。最近の中国人の自信のほどが窺えます。

池上 なるほど、中国はそこでへそを曲げてしまうわけですか。北朝鮮に端を発し、韓国、中国、アメリカ、ブータン、そしてミャンマーとアジアの国際政治の見取り図が地政学的な視座で理解できるようになりました。

プロフィール

池上 彰（いけがみ・あきら）

ジャーナリスト。1950年長野県生まれ。慶応義塾大学経済学部卒業後、NHKに入局。科学文化部記者として経験を積んだ後、報道局記者主幹に。94年4月から11年間「週刊こどもニュース」のお父さん役として、様々なニュースを解説して人気に。2005年3月NHKを退局、フリージャーナリストとして、テレビ、新聞、雑誌、書籍など幅広いメディアで活躍中。『伝える力』（PHPビジネス新書）、『知らないと恥をかく世界の大問題』（角川SSC新書）、『そうだったのか！現代史』（集英社）など著書多数。

第4章

『妖怪大陸』を見つめる日本の眼

今から思えば暢気なものだった。20世紀が終わる頃まで、国籍を問わずアジア研究者といったら、実に単純な世界観を持っていた。

私を含め、そのほとんどが（1）国を開き資本と技術を導入すればどんな国も経済発展できる（2）一定の豊かさに達すれば、その国は民主化する（3）アジアに民主化のドミノが起きて、残る独裁国家——中国——の背中を押す（4）中国が民主化すれば、アジアから戦争の危険が大きく減る——と信じていたのだ。

その頃は議会制民主主義がすべての国のゴールと考えられていたから、中国人は肩身が狭く「いずれ民主化するつもりだが、時間がかかる」などと弁解していたものだ。

もちろん、アジア研究者の楽しい予想は実現しなかった。最大の誤算は、中国が豊かになったのに民主化しなかったことだ。そして中国人も、効率の悪い民主主義政体を公然と見下すようになった。

それがはっきりしてきた2000年代半ば、ある米国人がこう言った。「ここ20年間、アジアの国は相次いで民主化した。彼らは、中国がいくら経済的に台頭しようと独裁国家である限り、我々の側に残るはずだ」。

私の答えは冷たいものだった。「中国に隣接するいくつかの国、例えば韓国はいつか先祖返りするだろう。米国人が信じているほどに、アジアの国々は西欧型民主主義を心から受け入れているわけではない」。

米国人は驚いて聞き返してきた。「韓国は劇的に民主化した。それが戻ると言うのか」。私は答えた。「確かに拷問はなくなった。メディアに対する検閲ももうない。だが、韓国はいまだに遡及立法を行う。それに対し反対する声は一切出ない。不都合でも法律に従うという法治の精神からはほど遠い。民主主義の根幹をなす法治が存在しない以上、いつでも中国的世界に戻る」。

2013年1月、日本との犯罪人引き渡し条約を無視して韓国は中国人の放火犯容疑者を中国に送り返した。日本との犯罪人引き渡し条約を無視して韓国は中国人の放火犯容疑者を中国に送り返した。中国の圧力に屈したのだ。しかし、韓国のメディアは「反省の足らぬ日本が悪い」と開き直った。この時から日本の対韓認識が一変した。

「日中の間で、韓国が中国を選んだ」という外交的な驚きもあった。しかし、韓国に対する違和感を決定的にしたのは「韓国も中国と同じ、自国の法律さえ簡単に曲げる国なのだ」という政体への驚愕だった。

中国は政府が日本人や日本企業への襲撃を教唆すれば、国民が喜々と従う国だ。今後、その犯人が韓国で逮捕されても政治犯を自称すれば、先祖返りした韓国の裁判所は無罪判決を下すだろう――日本人はこうも考えたのだ。

プロローグで紹介した「中国を妖怪とすれば、韓国は肝心な時に妖怪側につくねずみ男」との視点。この事件を機に「ゲゲゲの鬼太郎モデル」をもってして中国大陸を見る人が増した。

第4章では、妖怪と半妖怪の存在にようやく気がついた日本人が、「妖怪大陸」にどう対応するか、考え始めた様を描く。

1

韓国は中国の「核のワナ」にはまるのか

「中韓協商を結べば北の核は抑えてやろう……」

「朴槿恵の韓国」も中国に引き寄せられる。材料は北朝鮮の核実験。自力ではもちろん、米国頼みでもそれを阻止できない韓国は中国を頼む心境に陥った。中国も韓国を助けるそぶりを見せる。しかし「中国への依存」は毒まんじゅうだ。韓国が国の安全を米国ではなく、中国に頼る第一歩となるからだ。

２０１３年1月12日、中央日報は〝特ダネ〟を載せた。見出しは「北朝鮮、1月13―20日に核実験強行の情報」。記事によると「在北京の北朝鮮の役人が中国の関係者に『1月13―20日に核実験を実施予定』と話したという情報を韓国政府が入手した」。そして「（別の）北京の対北朝鮮消息筋も『新たな核実験は核弾頭の小型化・軽量化のためのものと聞いている』と説明した」と付け加えた。

この報道を受け、まだ大統領に就任していなかった朴槿恵氏は12日「挑発には断固として対応する。北朝鮮は無謀な核実験計画を中断しなければならない」と述べた（中央日報1月13日付）。

もし、北朝鮮が核実験を実施し成功すれば、韓国は大変な痛手を受ける。核保有国となった北朝鮮は恐ろしく強腰となり、韓国に無理難題を吹っ掛けるに違いない。

北の核保有で韓国は分裂へ

北の核保有を防げなかった米国は韓国に対し「我が国の核があるから大丈夫」となだめるだろう。一方で、腫れものにさわるように北朝鮮を大事にするかもしれない。北が核兵器をテロリストに売らず、また、ミサイルを米国に向けないなら、自身に大きな問題は波及しないからだ。

韓国の国内は分裂する。右派は北朝鮮への強硬策を叫び、核開発を進めろと政府に要求するだろう。極左派は北朝鮮との融和策をとれば核の脅威は消える、と主張するに違いない。結構多くの韓国人が「民族の核」に誇りを持つだろうから、その主張に賛同する人も出てくるかもしれない。

市場の地合いにもよるが、韓国から外貨が一気に流れ出る可能性がある。朴槿恵氏が大統領に就任する以前に北の核実験に神経を配ったのも無理はない。

中国は北の核実験説が流れる前から韓国に対し「北朝鮮への共同対処」を呼び掛けてい

た。1月10日、中国の特使として朴槿恵次期大統領を表敬した張志軍外務次官は「朝鮮半島を含む地域と国際問題について、両国間の調整を強化していくことを希望する」と述べた。

朴槿恵大統領も隠さない「中国への期待」

報道された発言だけでは、何が言いたいのか分かりにくい。しかし、その代わりに中国の本音を語ったような記事がある。同じ10日に中央日報に掲載された楚樹龍清華大学国際研究所副所長の主張だ。

見出しは「清華大学（中国）副所長『北が挑発しない場合は……』」で、聞き書きの形をとっている。楚樹龍副所長はしばしば韓国紙に「中国からのアドバイス」を寄稿する学者だ。この記事の北朝鮮に関連する部分の要旨は以下の通りだ。

・朴槿恵次期大統領にとって北朝鮮は外交の最大の難題になる。
・金大中《キム・デジュン》、盧武鉉の両政権は包容政策で（緊張緩和に関し）若干の効果をあげた。しかし、北朝鮮の核兵器（開発）は防げなかった。
・李明博政権は強硬策をとったがやはり肯定的な効果をあげられなかった。
・硬軟両策が失敗したのは北朝鮮に変わる気がないからで、周辺国はその現実を受け入れて政策をたてるしかない。

・具体的には、北朝鮮が追加の核実験や新たなミサイル発射をしないなら、韓国と中国、米国が北に人道的援助をしようということだ。

この記事が主張するように、韓国が硬軟両策ともに失敗し、対北政策で手詰まりになっているのは事実だ。しかし「核開発放棄と援助の交換」というロジックに疑問を持つ人も多いだろう。韓国の左派はそれを信じ、何度も北に騙されてきたのだ。

しかし、この論理が成立する条件がないわけでもない。北の核実験中止を中国に担保してもらう手だ。韓国の融和策が失敗したのは北の「悪い行い」を矯正する力を韓国が持たなかったからだ。韓国の後見人たる米国も、北朝鮮の非核化への意志と関心を減らし、せいぜい経済制裁ぐらいしか北に科してこなかった。

だが、北朝鮮に食糧とエネルギーのほとんどを供給する中国なら、絶対とは言わないまでも、北朝鮮の核実験を食い止められる可能性が相当程度にある。楚樹龍副所長は「中国が担保する」とは言い切っていないものの「韓国、中国、米国が協力して対北和解策を展開すればよい」と、さりげなく「中国の力」を示唆した。

朴槿恵大統領も「中国への期待」を隠さない。大統領に就任する前から、北問題の解決には6カ国協議と「関連国との協力強化」がカギと強調してきた。

「中韓米3国協商」による北朝鮮融和網

Daily NKは1月11日に企画記事「朴槿恵、北の核・ミサイルで『プランB』を本格準備せよ」を掲載した。彼女の「中国への期待」を指摘したうえで「6カ国協議は北の核計画を防ぐ狙いだったのに、核を造るための遮蔽幕になった」との専門家の意見を紹介した。プランAたる「6カ国協議」は捨てて、プランBたる「中国の役割」に期待しようとの主張だ。

朝鮮日報の池海範《チ・ヘボム》論説委員は1月1日付のコラム「習近平と朴槿恵が手を携えれば」でこう書いた。

「朴槿恵次期大統領が提示した『朝鮮半島信頼プロセス』は北朝鮮に対する抑止力の基盤に立ったうえ、南北間の民間経済交流をまず活性化するというものだ。この点では中国と一致する部分が多い。（韓中の）2人の指導者が手を携え、北の挑発を抑えながら経済改革に誘導する解決策を見出した時、両国は真の『戦略的協力同伴者時代』を開くだろう」

中国が持ちかける前から韓国では「中国頼みの北朝鮮政策」が浮上していたのだ。韓国が中国と協力、「中韓協商体制」、あるいは米国を形式的には入れた「中韓米3国協商体制」を結成し「北朝鮮融和網」を作ろうとする構想だ。

ただ、それは成功するほどに米韓同盟にヒビを入れていくことになろう。なぜなら、米国の軍事的威嚇にも屈せず核ミサイル開発を進めてきた北朝鮮が、中国の言うことは聞くことが明らかになってしまうからだ。

それはとりもなおさず、韓国の安全を担保するのが米韓同盟ではなく、中韓同盟であることを意味する。ちなみに、韓国の仮想敵は北朝鮮であって、中国ではない。

心配性の日本人が「中国との協力がうまくいった時に米韓同盟はどうするのか?」と韓国人に聞くと、こんな答えが返ってくる。「そんな大げさな話ではない。ちょっと中国の力を借りるだけだ」「米国の圧倒的な軍事力で北朝鮮の正面を抑える。後ろからは中国に羽交い締めにしてもらう。米中双方に助けてもらえばいい」。彼らの口裏からは、2つの超大国を使いこなす快感も感じとれる。

韓国は中米の間で等距離外交せよ

そうだろうか。そんな簡単な話だろうか——。楚樹龍副所長の記事の後半は中韓・米韓関係に関しての「アドバイス」だ。そこには中国の本心がはっきりと書いてある。ポイントは以下の通りだ。

・韓国は中国と米国の間で等距離外交をすべきだ。

・韓国は経済、地理、歴史、文化的に米国よりも中国にはるかに近いからだ。
・韓国は安保を除きすべての部門で中国から利益を得ながら、外交は米国に偏していると
の認識も中国の一部にはある。

もう、韓国の従中はここまで来たのか、という感じだ。安保で米国だけに助けてもらっている現時点でさえ、中国は「中米の間の等距離」を要求した。今後、北の核実験を巡り中国に世話になった瞬間「中間点を超えて、より中国に近い位置」まで来いと言いだすだろう。そして、こうした上から目線の中国の要求が、韓国の新聞に堂々と載るようになったのだ。

中国が自分の持つ「北朝鮮抑制カード」を活用して「中韓協商」あるいは「中韓米3国協商」による「北朝鮮融和網」を作ると以下のような利点がある。（1）韓国をさらに引き寄せられる（2）米国に接近しかねない北朝鮮を手元に置ける（3）6カ国協議の空洞化を通じ、日本とロシアの朝鮮半島への影響を減じることができる――。

2012年、李明博の韓国は中国の圧力に屈し、米国の求めた日韓軍事協定の締結を放棄した。半面、中国には同じ協定を申し込んだ。2013年1月には、靖国神社への放火犯容疑者である中国人を、日韓犯罪人引き渡し条約を無視して中国に送り返した。もちろん中国の要求を受け入れてのことだ。ちなみに、楚樹龍副所長の記事の真ん中の部分は日

韓関係に関する「アドバイス」だ。

・中国と日本は今後数年間、緊張関係、部分的には対立関係を続けるだろう。
・韓国は（中日間で）中立政策を維持するのがよい。
・中日両国に対する（韓国の）政策は自ら選んで決めた戦略に基づくべきと考える。

以上の要約を読めば、日本に関して李明博政権が中国の要求に実に素直に従い、あるいは要求以上に行動してきたことが分かる。日韓分断に十二分に成功した中国は、そろそろ本丸の米韓分断に動く。その手始めが「朴槿恵の韓国」と手を組み「北の核実験を中韓で抑える」動きだ。

1月15日、米国務省のヌランド報道官は定例会見で、北朝鮮政策を見直す計画はないと明らかにした。聯合ニュースによると、朴槿恵大統領が大統領選挙期間中に北朝鮮政策を変える考えを示したことに対応したもので、ヌランド報道官は「北東アジアの安全を確保するために、米日韓で2国間、3国間協議を続けることが重要だ」と強調した。韓国が「中韓協商」に動かないよう、米国はクギを刺したのだ。

中央日報の「1月20日までに北が核実験を実施」との記事は誤報に終わった。しかし、1月24日、北朝鮮は新たな核カードを切った。核実験を予告すると同時に、自分の存在を認めて対話に応じるよう米国に要求したのだ。「中韓協商」に対抗し、暗黙裡にだが「米朝協商」を呼び掛けた格好だ。東アジアを舞台に勢力拡大を目指す大国と、生き残りをかけた小国の死に物狂いの駆け引きが始まった。

第4章

2

【対談】木村幹・神戸大学大学院教授と「朴槿恵の韓国」を読む

「いっそのこと、韓国とは距離を置くか……」

木村　２０１２年12月に行われた韓国の大統領選挙は「老人と若者が殴り合った選挙」とでもいえるものでした。これまでの韓国政治は「左右」が激しく対立してきたことで有名でしたが、今回は「世代」の対立が表面化しましたからね。

若者が自らの利益を確保しようと一斉に投票場へ行く。これを見て中高年も負けまいとこぞって投票に行った。スマホも使った動員合戦の結果、中高年が辛うじて勝った——という構図です。

鈴置　動員合戦の結果、投票率は75・８％に上昇しました。しかし、50歳代に限れば89・９％。何と10人に９人が投票したのです。そして60歳以上も78・８％。まさに中高年が若者に「負けまいと」投票したのが分かります。

韓国のテレビ局が実施した出口調査を分析した山口県立大学の浅羽祐樹准教授は「もし、

すべての世代の投票率が同じなら、民主統合党の文在寅候補が勝っていた」と見ています。

——若者と中高年はなぜ動員合戦を繰り広げたのですか？

鈴置 テレビ討論会で左翼の小政党の若い女性候補が「朴槿恵氏を落選させるために立候補した」と公言したうえ、投票直前に候補者を下りました。この小政党は北朝鮮の指示を受けていると韓国の保守は見ています。

本来、保守的な中高年は「この小政党の票が流れることで民主統合党の文在寅候補が当選するかもしれない。そうすれば、北朝鮮が韓国の次期大統領への影響力を一気に強める」と恐怖感を抱きました。それを防ぐべく彼らがこぞって朴槿恵候補に票を入れた——と韓国メディアは分析しています。

朴槿恵は「タカギ・マサオの娘」

木村 テレビ討論会で、その小政党の候補者から朴槿恵候補は「タカギ・マサオの娘」と揶揄されました。「タカギ……」は父親の故・朴正熙大統領の日本名です。

韓国ではもっともマイナスになる親日派のレッテルを朴槿恵氏に張るのが狙いでした。これにより、朴槿恵候補のイメージダウンと自らの存在感の誇示を狙ったわけですが、結果として裏目に出た形です。

朴槿恵氏に対するこういう中傷は昔からありました。特に目新しいものではありません。にもかかわらず、この問題が今回これほどまでに注目されたのは、背後に若者と中高年の間の経済的利益の対立があったからだと私は思います。

韓国の若者は何とか現状を変えてほしいと考えている。大学を卒業しても就職口があまりなく、あっても非正規職という状況だからです。そこで、世の中をがらりと変えてくれそうなイメージを持つ進歩派の文在寅候補を支持した。

一方、既に退職し、あるいは退職を目前に控える中高年は、経済や社会の状態を変えられたらたまらない。「文在寅になったら年金を減らされる」なんてデマまで飛び出しましたから、「老後を守ろう」とばかりに投票場に駆け込んだ人も多かったでしょう。

ちなみに、韓国では定年が50歳代です。今回、50歳代の人々が、60歳代の人々以上に投票場に結集したのは示唆的です。50歳代の人々の一部はかつて「386世代」と呼ばれた、民主化運動に参加した人、1960年代生まれの人々であることに注目すべきです。

過去の経験や若い頃のイデオロギー的傾向よりも、経済問題の方が切実なので彼らは今回、朴槿恵候補に投票した、ということになるのでしょう。

先ほど鈴置さんが指摘した「北朝鮮が影響を強める」という話も、「北朝鮮が攻めてくる」ということではなく、「北朝鮮のかく乱戦略により韓国経済が弱体化させられる」ことも含むと思います。韓国の中高年には、「北朝鮮の脅威」もまた彼らの老後の生活と繋がっている、と理解されている。

鈴置　年金制度が未熟なので、韓国では退職後は蓄えで生きていくのが普通です。しかも、資産の過半は不動産で賃貸料を頼みに生活する人が多い。

韓国のベビーブーム世代は朝鮮戦争後の1955年から1963年生まれ。そろそろ定年で引退し始めました。韓国の金融機関の調査によると、彼らの平均保有資産は日本円換算で約2500万円。うち75%が不動産です。

格差が最大の問題となる中、もし、左派の文在寅氏が大統領になったら、間違いなく公約の分配政策に乗り出します。その柱が財閥規制です。すると、財閥は投資を減らし景気は悪くなる。

ただでさえ、少子高齢化のために不動産価格が下がり始めています。不動産を持つ中高年は「これ以上、資産価値を減らされてはかなわない」と考えたと思います。

木村　対照的に、今回の大統領選挙で負けた若い人の挫折感は大きい。彼らは自分たちなりに一生懸命選挙に参加したけど、相対的に人口の多い中高年に敗れたわけですから、今後の展望が開けない。

そんな彼らの不満を収拾するのは大変だと思います。そして、若者に人気があるけれど、大統領選挙には出馬しなかった安哲秀《アン・チョルス》氏が政治的に生き残っている。

今後、社会的問題が起きた時には「若い人は悪くない」と叫んできたこのイデオローグが、若者に呼びかけ社会が混乱する可能性もある。

彼は次期大統領選挙の有力候補でもありますから、これからの5年間、自分の存在感を誇示するためにも様々な運動を繰り広げることでしょう。こうした葛藤を和らげるのが朴槿恵政権の最大の課題と思います。

鈴置 選挙が終わるや否や、「65歳以上の高齢者に配られている地下鉄無料パスを廃止しろ」という署名運動が起こりました。2012年12月23日付の朝鮮日報によると、文在寅氏を支持した若者が運動の中心です。これを呼び掛けたサイトは、高齢者への罵倒であふれているそうです。

「幅広い福祉をバラマキと批判する朴槿恵氏を、高齢者が支持して大統領に当選させたことへの反撃」と同紙は解説しています。また、若者の貧困化に関する専門家の「世代間の葛藤から、今後5年間は世代間の戦争になる」とのコメントも載せています。

――日本の場合、高齢化が相当に進み、若者の有権者数が比較的に少ないため「若者が選挙で勝つ」のは難しい、と言われます。韓国では？

鈴置 今回の大統領選では選挙権を持つ19歳から40歳未満の有権者は全体の38・2%。一方、50歳以上は40・0%。今の段階でちょうど同じぐらいの勢力です。しかし、これから急速に高齢化が進みますから、韓国の選挙でもどんどん「若者不利」になっていきます。

木村 それも若者の絶望感を加速するでしょう。一方、中高年が今回の投票で見せた、経済的な現状の維持を強く望む姿勢。これから考えると、中高年の保守は現在の豊かさを維持するためなら、外交的なパートナーとして米国ではなく中国を選ぶかもしれません。

韓国では、「保守＝経済成長重視＋親米反北」という図式がありました。しかし、この図式は、経済問題が正面に出ることで崩れていくのだと思います。

つまり、「保守なら親米」という時代が終わりつつある。これまで親米政策を主に支持してきた保守勢力が必ずしも親米ではなくなると、韓国の外交が大きく揺れる時が来るかもしれません。

鈴置 「メシを食べるために中国に付いていく」というのは韓国の保守だけではなく、若者あるいは革新も同じですね。

木村 その通りです。韓国の若者も仕事を得るためなら上海でもどこでも行こうと考えています。そもそも、ＧＤＰに対する韓国の対中輸出の比率は、日本のそれと比べたら4倍になります。もっと分かりやすく言うと、韓国から見た中国は、日本から見た中国より4倍も大きく見えている。だから、韓国はそんな「大きな中国」との対立をとにかく避けるでしょう。

例えば、日本は尖閣諸島を巡って中国と対立しています。同じように中韓の間にも離於島（中国名・蘇岩礁）という暗礁の管轄権を巡る問題がありますが、韓国がこの暗礁で中国とケンカするとは考えにくい。「暗礁ごときのためにメシが食えなくなってはたまらない」というわけです。

だから、尖閣などで日本と中国がケンカすると、韓国はとばっちりを恐れ、相当におろおろする。最近はフィリピンまで中国と対決姿勢を明確にしています。韓国紙の記事からは、フィリピンに対するいら立ちさえ感じ取れます。

側近も簡単に切り捨てる現実主義者

鈴置 文在寅氏が大統領になったら、米韓同盟は相当に危うくなったと思います。任期中の2015年末には韓国軍の戦時の作戦統制権を米国から韓国に移すことになっています。反米政権になれば、2015年を機に米国は在韓米軍を引き揚げてしまう可能性もあった。

朴槿恵大統領は米韓同盟を積極的に維持するでしょうが、米韓を離間しようとする中国の揺さぶりは続くと思います。

2012年には韓国は日本との軍事情報包括保護協定（GSOMIA）を締結直前になってキャンセルしました。この軍事協定は、米日韓3国軍事協力体制を強化したい米国が強く望んだものです。しかし、中国からの圧力に韓国は怯えて棚上げにしました。たぶん将来も結ばないでしょう。一方で、韓国は中国に対しては、同じGSOMIAを含む2つの軍事協定を申し込みました。

米国は日本、フィリピン、ベトナム、インドなどとともに中国包囲網を作り始めました。韓国は当然、加わることを米国から期待されますが、中国が許すとも思えません。米中の間で、朴槿恵大統領はどう舵取りしていくのでしょうか。

木村 日本国内では、日本との関係や米韓同盟重視ばかりが注目される朴槿恵さんですが、彼女は中国語がしゃべれ、また、中国との独自のパイプを持っていることでも知られています。

何よりも両親をともに暗殺で失い、その後も様々な誹謗中傷を乗り越えて今日の地位まで上り詰めてきただけに、朴槿恵さんは必要がなくなれば側近さえ簡単に切り捨ててしまう冷徹な現実主義的政治家です。

彼女は外交においても経済においても頭でっかちな原理原則よりも、その場その場の状況を勘案しながら韓国と自らの利益を冷静に判断していくことになるでしょう。

たとえて言うならば、それはラリードライバーが先の見えない山道を、猛スピードで運転するような政権運営になるかもしれません。だからこそ、朴槿恵さんには常に冷静で的確なハンドルさばきが求められることになります。

特に、急速に変化する米中関係の中で韓国の地位をどうやって保つのか。韓国大統領としてのハンドルさばきは「お手並み拝見」ですね。

鈴置 朴槿恵氏の父親の故・朴正煕大統領は、必ずしも親米ではありませんでした。ニクソン、カーター政権が在韓米軍の削減に動くと、自主国防に乗り出しました。その中核事業である核ミサイル開発が原因で米国に暗殺された、との噂も韓国にはあるほどです。

今も状況は似てきました。米国の衰退で日本や韓国はいつまで核の傘を米国から貸してもらえるか分からないぞ、と米大統領補佐官だったブレジンスキー氏が警告しています。朴槿恵大統領も父親同様に自主国防に動くのではないでしょうか。

木村 70年代当時と今では緊迫感は異なります。当時は米中が急接近し、韓国は本当に米国に見捨てられるかと思っていました。今の韓国政府や世論は、そこまでの危機感を持っていません。

鈴置 しかし、韓国はミサイルの射程を延ばそうとしたり、核燃料の再処理を手掛けようとしたり、しきりに自主国防の布石を打とうとしています。

木村 ミサイルや核燃料の問題で米国に対し「権利拡大」を求めるのは、まずは「日本並み」の地位を得たい、という考えからだと思います。経済力をつけ外交力も増した韓国は、安全保障の面でも日本と同等に米国に扱ってほしい、と思っている。「日本に追いつけ追い越せ」というのは韓国にとってずっと「悲願」だった。この「悲願」を実現したい、というのが第一の目的なのでしょう。

ただ、心配なのは日韓関係です。竹島や従軍慰安婦など問題が山積するところに、日韓双方で新しい指導者が登場しました。日本人、特に古い保守で故・朴正熙大統領を知っている世代は「彼の娘だから」と朴槿恵氏に期待し過ぎる傾向があります。

鈴置　「いずれ安倍首相が訪韓して朴槿恵大統領と一緒に故・朴正熙大統領の墓に詣でるのでしょ?」としばしば日本人から聞かれます。それにより日韓の絆が深まると信じているのです。朴槿恵氏周辺がこれを聞いたら、飛び上がって驚くでしょうけど。

木村　先ほど述べたように朴槿恵氏にとっては「タカギ・マサオ」は大きなハンディキャップです。だから、むしろ日本に対してはやみくもに動けない。

２０１０年に日本で民主党政権が誕生したのを見た韓国が、「リベラルを売りにしているから、自民党よりも言うことを聞いてくれるだろう」と期待し過ぎて日韓関係がおかしくなりました。今度は日本側が同じ読み違いを犯す可能性が大きくなっています。

さらに、日本の地位が落ちていることにも留意する必要があります。安倍晋三自民党総裁が、韓国と日程など十分な根回しなしに朴槿恵氏への特使派遣を一方的に発表したら「聞いてない」と袖にされました。日本の力が圧倒的だった時はそれも可能だったでしょうが。

いずれにせよこうなってくると、日本側ができることは2つしかありません。1つは、「韓国側にとって魅力的な」提案を事前にきちんと考えて交渉することです。ただしこの場合は、日韓関係において日本側が譲歩することも必要になるかもしれません。

もう1つは、いっそのこと日韓関係の改善自体から距離を置いてしまうことです。どちらに進むにしても、日韓関係の中では大きな選択になるでしょう。政府の外交的能力が問われることになると思います。

3

【対談】「反日国家に工場を出すな」と主張し続けた伊藤澄夫社長に聞く

中国とは絶縁し東南アジアと生きる

鈴置　1990年代から伊藤社長は「反日国家に進出してはいけない」と講演や講義で説き続けてきました。2004年に出版した著書『モノづくりこそニッポンの砦　中小企業の体験的アジア戦略』の中でもはっきりと書いています。

伊藤　2012年秋に、日本人への暴行や日本企業の打ちこわしが中国で起きて、ようやく「伊藤さんの言う通りでしたね」と言われるようになりました。日本企業の中国ラッシュが続く中、「中国へは行くな」なんて大声で言っていたものですから、それまでは「極右」扱いされていました。

私は反中派ではありません。若い中国人の親友もたくさんいます。私の著書にも書いていますが、「敵の子供である日本の残留孤児を1万人も育ててくれた中国人とは何と見上げた人たちなのか」と心から感嘆し、深く感謝しています。当時は食糧が不足し、養父母とて満足に食べられなかった時代でした。

それでも、「中国人の70%は日本人が嫌いだ」と言います。中国では、子供の時から徹底的な反日教育を施すからです。私自身、反日の人々の国に巨額の資金を投資したり、大事な社員を送り込んだりすべきではないと考えています。中小企業はただでさえ人材不足。社員を強引に海外に赴任させて危険な目にあわせたり、辞められてもたまりません。

金型作りはチームプレーです。また、質の高い技術者が駐在する必要があります。海外工場で、〝政治〟が社員を分断するようなことがあってはなりません。愛社精神を持ち仕事が面白くてしょうがないと思う社員ばかりでないと、競争力ある企業には育ちません。給料が少しでも高ければ他の会社に移る社員に技術を教えることは不可能です。日本企業が利益を出すことを不快に思う社員がいれば、経営はうまくいきません。

――でも、市場が縮む日本に留まっていては会社は伸びません。

伊藤　ですから、東南アジアに行くのです。中小企業は全世界に出ることはできません。そもそも、そんな必要はありません。世界市場でのシェア極大化を目指さざるを得ない大企業とは異なります。中小企業は1カ所、多くても2、3カ所に進出すればいいのですから、安全な国に絞って投資すべきです。納入先に依頼されたのならともかく、わざわざ危険な国を選ぶことはありません。

アジアに駐在したビジネスマンなら誰でも知っていますが、東南アジアの人々の日本に対する親密感や信頼は、日本人が考える以上に大きいのです。彼らとは、我々が謙虚に接しさえすればうまくいくことが多いのです。ここが中国や韓国と完全に異なる点でしょう。

1990年代初め、海外進出しようとアジアを歩き回りました。その結果、私が「投資に最適な国」と判断したのはタイとフィリピンでした。この2つの国とインドネシアやベトナムは世界でも無類の親日国です。

結局、投資先としてフィリピンを選んだのですが、それは教育レベルが高く、優秀な人材を得やすいからでした。また、英語国だから日本人のカタカナ英語でも従業員とコミュニケーションがとれることも評価できました。鈴置さんは2008年でしたか、ウチのフィリピン工場を見てくださったでしょう。

100年前から外交に揺さぶられる対中ビジネス

鈴置　確かに、私の英語も聞き取ってもらえました（笑）。従業員一人ひとりの向上心が強いのには驚きました。そして、実に和気あいあいとした雰囲気の工場でした。

古き良き日本の中小企業経営——親父さんは従業員の面倒をとことん見る。従業員もその意気に感じてついていく——という空気が見事にフィリピンの地で再現されているな、と感心したものです。

伊藤 まさに、そこなのです。フィリピン人は家族愛が深い。日本の本社と同じように、家族的雰囲気を経営に取り込んだところ、予想以上に士気の高い会社になりました。社員は皆、本当に一生懸命、そして楽しそうに働きます。1996年に進出しましたが、16年間離職せずに勤務した彼らの多くは、日本でも通用する技術を身につけました。

2004年に日本人技術者は帰国し、今では精密金型の設計から製作まで、フィリピン人の社員だけで製造できる体制になりました。それもフィリピン人の技術者が転職せず、腕を磨き続けてくれたからです。日本人技術者2人に年間、2500万円かかっていました。この分の経費削減は利益に大きく貢献しています。反日国家でこうした経営を実現した会社は見たことがありません。

鈴置 中国でも〝現地化〟に成功した会社はあります。でも、話をよく聞くと、現地化と並行して中国側に事実上、経営権をとられてしまっていることが多いですね。

伊藤 フィリピンでの成功に満足していましたので、新たな海外進出は考えていませんでした。そこに親日国家、インドネシアの多くの企業から熱心な合弁会社設立の依頼がありました。結局、日系自動車メーカーの1次サプライヤーであるアルマダ社と組むことにしました。2013年8月稼働を目指し、工場を改築中です。

フィリピン工場で育った技術者4人を派遣できることが背中を押してくれたのです。彼らのおかげもあって、設備を入れれば直ちに精密順送り金型の製作にかかれます。当面は日本、あるいはフィリピンから設計図面を送りますが、いずれはインドネシアでも設計できるようにします。

フィリピンの子会社は計画以上の利益が出ましたが、質の高い技術者が育ってくれたことが一番の収穫でした。これも国と国の関係が良いおかげです。

――中国に進出してしまった会社はどうすればいいのでしょうか。

伊藤 暴徒は日本の量販店を焼き討ちし、日本車に乗っている中国人を暴行しました。もう、怖くて日本車は買えないという中国人も出てくるでしょう。

日中両国のために早く元の姿に戻ってほしいと思いますが……。中国や韓国と異なり、東南アジア各国は我々が驚くほどの親日国家です。日本企業にもっと来てほしいと言ってくれる東南アジアに改めて目を向ける必要があります。近隣諸国ではどの国よりも信頼され、モノづくり力のある日本企業は今、極めて進出しやすい環境にあるのです。

鈴置 中国が日本人と日本企業を敵視し、追い出しも辞さない空気に変わったことに注目すべきです。これまでは日本に言うことを聞かせるために、人質である日本企業を苛めてみせるというのが政府の作戦でした。ですから「イジメ」にも限度があった。

でも、日本から資本や技術を貰う必要はなくなったと中国人は考え始めました。資本は輸出するほどになりましたし、技術も退職者やネット経由で容易に盗める時代です。

そして、中国に会社が育ったことが大きい。彼らにとって日本企業は邪魔ものです。中国の政府よりも企業が熱心に日本叩きに乗り出すでしょう。

『在華紡と中国社会』（森時彦編、京都大学学術出版会、2005年）という学術書があります。在華紡とは第一次大戦後に日本資本が中国に設立した紡績工場のことです。

当時の世界の主力産業は繊維で――現在の自動車産業のようなものでしたが――中国市場では民族資本と英国、日本の資本がしのぎを削っていました。

この本には、日貨排斥運動で日本の在華紡の売上高が半減したり、反日をテコに労働運動が高揚したりするなど、今、読んで参考になるくだりが多々あります。日本の対中ビジネスは昔から「外交」に揺さぶられてきたことがよく分かります。

伊藤　私は今まで「中小企業は反日の国に行くべきではない」と言い続けてきました。でも、2012年9月の反日暴動以降は、「大企業も中国に行くべきではない」と言う声があちこちで上がり始めました。

鈴置　大企業でさえ、会社が揺らぐほどの打撃を受けることがはっきりしましたからね。

伊藤　今後も中国で生産拠点を維持するには、技術力や経営力を背景に主導権をしっかり握れる企業でないと、難しいのではないでしょうか。日中両国がこれ以上、関係が悪くなるのであれば「中国市場は存在せず」という前提で経営する覚悟が必要になります。
企業によって事情は異なるでしょうが、中国からの撤収や東南アジアシフトを考える会社が増えるのは間違いありません。現に、中国に見切りをつけた多くの大手製造業のフィリピン移転が具体化しています。経済界もようやく「反日リスク」の存在に気づいたのです。東南アジアの市場だって中国に負けず劣らず大きいのです。中国から締め出されれば、日本人が東南アジアやインド重視になるのは当然です。

「話せば分かる」は下策中の下策

——日本政府に対し「尖閣」に関し中国政府と対話するよう求める経営者が出始めました。鳩山由紀夫元首相もそうです。話し合えば、中国政府が「反日」をやめるとの期待からです。

伊藤　それが一番危険な道です。「日本人に暴行すれば日本政府は言うことを聞く」という悪い先例を作ってしまいます。今後ますます、日本から何かを得ようとする時、中国政府は日本企業と日本人を襲撃させることになるでしょう。

鈴置　サラリーマン経営者は目先のこと、つまり、自分がトップである4～6年間だけを考えればいい。確かに中国と「話し合い」に入れば、瞬間的には日本人への暴行や日本企業打ちこわしはやむかもしれない。

伊藤 しかし、そうすれば中国はいずれ日本人と日本企業、そして、日本をもっとひどく苛めるでしょう。中小企業の親父は終身、借入金の保証人となることが求められます。大げさに言えば、生きている限り、社員と会社の安全を図らねばいけないのです。

ここで、相手の顔色を見て妥協すれば、永い将来にわたってびくびくせざるを得なくなるのです。今は苦しくても無法な要求に屈してはいけないと考えています。

鈴置 そもそも、下手に「尖閣」での話し合いに応じれば、中国の仕掛けたワナにはまってしまいます。日本人は話せば何らかの妥協ができると無意識に思っている。一方、中国は日本が話し合いに乗ったら、武力を使って「尖閣」を奪取する可能性が高い。

なぜなら、話し合いに出た瞬間、中国は「日本が中国の領有権も潜在的に認めた」と見なし、軍事力を行使しても世界から非難されなくなる、と考えるからです。

今まで、中国が武力を使わなかったのは米国が空母打撃群を「尖閣」周辺に送り、中国を牽制したことが大きい。日中が尖閣を巡り対話し始めた後に米空母を送ろうものなら、中国は「今後は日本と2人で話し合うことになったのだ。第三者はどいていろ」と米軍を追い出すでしょう。

米国は日本への信頼を、日本は米国への信頼を一気になくしますので、この段階で日米同盟は破綻します。「尖閣」奪取よりもそちらの方が、中国の狙いかもしれません。

右が伊藤製作所の金型で作った部品。左と比べ、歯の上面が垂れ下がっていない(写真は伊藤製作所提供)。

――確かに日本人は「話し合いが一番大事」と信じています。だから中国の仕掛けたワナに思わず乗ってしまうのでしょうね。

鈴置　2005年に日本の国連安保理常任理事国入りを阻止しようと、中国が反日暴動を繰り広げました。直後に中国の金型業界の団体が日本を訪れ、金型工場を見学しようとしました。あの時、伊藤社長の会社を含め、金型メーカーほぼ全社が見学を断りましたね。

伊藤　その通りです。金型企業の経営者たちは、見学を受け入れれば日本人への暴行を容認することになると判断したのです。今回の反日暴動だって、2005年にあれだけ日本が攻撃されても日本企業が投資を続けたことが遠因と思います。

鈴置　2005年の反日暴動の後、日本の役人に中国の役人が不思議そうな顔で聞いてきたそうです。「普通、あれだけ殴られれば来なくなるものだが、なぜ、日本人は投資し続けるのか」と。

伊藤 中小企業にとって海外進出は生死をかけた一大事業です。進出先の政治状況や国民性、税法、労働法などを徹底的に調べるのが基本です。私がこういう話をすれば「政治好きな親父だなあ」と思われるかもしれません。でも、中小企業だからこそ政治に関心を持たざるを得ない。大手のように政府が守ってくれるわけではないのです。

鈴置 危ない国には投資しない。自分が投資していない国で反日暴動が起きても抗議の意思を示す。日本という国が軽んじられれば、いずれは自分の身も軽んじられる――。これが、自分の力だけを頼りに生き抜く経営者の発想ですね。

伊藤 ことに今は、政治家も役人も日本全体の利益を考える人が少なくなったと実感しています。偉そうなことを言うようですが、我々、普通の人間が――モノづくりをする人間が――底力を振り絞って日本のために動かないと、この国は立ち枯れてしまいます。

“近道”を探す人間に道を切り開く力は身につかない

――「モノづくりの人々が動く」とは、どういう意味でしょうか。

伊藤 具体例をあげます。右ページの2つの金属部品を比べてください。同じ形に見えますが、よく見るとギザギザの歯の部分が微妙に異なります。こちらの部品は、名刀で大根をすぱっと切ったように、歯の部分がシャープです。もう一方は業界用語で「ダレる」というのですが、歯がぼやっとした形です。
日本の進化した金型技術をもってして初めてこのシャープな部品ができるのです。普通のプレス機械を使ってこのような部品を作れるのは日本だけでしょう。日本以外の国だとまず、プレス機械で「ダレた」部品を作った後に、削ったり磨いたりして、ようやく鋭角的な形に整えます。時間と手間が恐ろしくかかります。

鈴置 プレス機械で打ち抜くだけで1~2秒で加工できる。新技術によって、人件費の安い中韓の同業者に勝つというわけですね。

伊藤 今、日本のプレス金型各社は、金属の切削やロストワックス、研磨という手間のかかる工程を、プレス加工に置き換えるという技術革新に取り組んでいます。加工費を極端に安くすることで近隣諸国との競争に生き残ろうと必死なのです。もちろん、このような高度な技術を持つのは我が社だけではありません。多くの日本の金型企業は海外企業にとってノドから手の出るような技術を持っているのです。

鈴置 なぜ、日本しかできないのでしょうか。

伊藤 理由は2つあります。まず、金型の設計力です。日本には永年、蓄積したノウハウがあります。加えて、我々は新しく開発された技術を日々、注ぎ込んでいます。日本から技術移転しない限り、そう簡単に真似できません。

鈴置 しかし、中国にも腕のいい職人はいます。

伊藤 金型が職人芸の世界だった時代は終わりました。組織人が集団戦法で戦う時代です。個人の能力が高いのは当たり前。その上にチームワークや愛社精神、こだわりが要るのです。経験者が喜んで若い人を教えるという風土がないと強い会社にはなれません。中韓にそうした風土は希薄です。日本と近隣諸国とはそこが決定的に異なるのです。

鈴置 〝追う者〟は近道を選べます。

伊藤 〝近道〟ばかりを探していると、自ら道を切り開く能力は身につきません。真似はできますが、新しいモノをつくり出すという意味で、近隣諸国が10年や20年で日本に追いつけるとは思えないのです。

設計力に加え、もう1つは、日本にしかない超高精度な加工機械の存在です。プレス加工とは金型という〝刃物〟で金属を瞬時に切断したり、絞ったりする加工方法です。先ほど「名刀で大根をすぱっと切ったよう」と言いました。金型という〝刃物〟を研ぎ澄まして名刀を作ることで、部品の切り口もシャープな断面となるのです。

では、どうやって「名刀を作る」のか。金型の表面を徹底的に平らに研削して「超鏡面」、つまり、鏡のように磨きあげるのです。そうすると金型が金属の部材をすぱっと切れるようになります。その結果、このように歯車の形がきれいに抜けるのです。

この金型をご覧ください。手をかざすと指や手のひらが金型の表面に映るでしょう。これが超鏡面です。この、ぴかぴかに磨きあげた金型を使って初めて、あの鋭角的な形状を作れるのです。

鈴置　要は「超鏡面」に磨ける高精度の研削盤がミソ、ということですね。

伊藤　その通りです。この金型を作るため、我が社が最近購入した超精密研削盤の価格は普通の研削盤の4倍以上です。でも、先ほど申し上げたように部品の製造コストが大幅に落ちるので、十分元がとれると判断し導入しました。

この研削盤を含め、こうした金型を作る技術は中国や韓国にはありません。彼らも追ってきます。しかし我々も、これまで手がけていなかった領域の技術も導入し、追い上げをかわしているのです。

――2010年に尖閣で中国と日本が衝突した際、中国はレアアース（希土類）の対日輸出を止めました。日本は輸入先を多角化したほか、レアアースが不要になる技術を相次ぎ開発しました。市況も下がり、中国のレアアース最大手が操業を停止するに至りました。

伊藤　それがいい例です。日本の大手モノづくり企業の代替品開発技術は世界に例がないほど進んでいます。金型もそうですが、日本は技術を武器にできるのです。日本の高度な技術や製品、日本でないと生産できない多くの特殊材料の輸出を止めれば、中国や韓国の経済は干上がってしまいます。レアアースが止まった時の日本の困惑と比べはるかに深刻な事態となるでしょう。一方、日本が中韓から購入しなければならない特殊材料は1種類もありません。今、輸入しているものがあるのは為替の関係で安いからに過ぎません。

「慰安婦」で韓国との親交もお断り

——中国や韓国の金型メーカーが、その超精密研削盤を買い入れないでしょうか。

鈴置　これだけ精密な加工ができる機械は、ワッセナー・アレンジメント——昔のココム規制ですが——により、中国は日本から輸入できないでしょうね。

伊藤　その通りです。

鈴置　韓国も、これからは日本製の精密機械の輸入が難しくなるでしょう。新日鉄がPOSCOを訴えたように、日本の技術が韓国企業経由で中国に流れるケースが目立つようになっています。韓国相手だとつい脇が甘くなる日本人の癖を中国が利用しているのかもしれません。いずれにせよ、韓国への技術移転や素材・機械の輸出も厳しく規制されていくと思われます。

伊藤　政府が規制する前に、民間企業が韓国への精密機械の輸出や技術移転を自粛するケースが出始めました。もちろん、商売にはマイナスですが、「日本に害をなす国家を利してはいけない」との強い思いからでしょう。

先ほど、「中国人が、もう日本企業と良好な関係を結ぶ必要はないと考えている」と鈴置さんは言われました。少なくともプレス金型の世界では、それは誤った認識です。確かに、中韓とも日本が作ってきたものは真似て作れるようになりました。でも、次世代の高性能部品を独力で創り出す能力はまだ乏しいのです。

残念ながら日本独自の技術が様々のルートを通じて幅広く流出し続けてきました。今後、新しい技術が海外に流れないよう、官民が一体となって警戒態勢をとるべきです。それにより中韓両国の経済が相当大きなダメージを受けるのは間違いありません。

日本の技術者たちは、中国のレアアースの輸出打ち切りに技術開発で対抗し、中国の意図——日本への威嚇——を挫きました。日本の鍛冶屋だって同じことができると思うのです。

中国で作れば安いから、あるいは中国に市場があるから中国に行く。そのためには中国に新しい技術を持っていく。これが今までの対中投資ブームの本質でした。でも、日本企業はあまりに中国に深入りし、その工場は中国の政治的な人質となってしまいました。今や、日本を脅す時の材料にされています。

尖閣や沖縄、ひいては日本を中国にとられないためには、日本経済が中国市場に頼りきりにならないよう、東南アジアとがっちり手を組む。そして新しい技術が中韓には流出しない仕組みを作り、彼らに対する優位を保つしかない、と思います。

日本をおとしめる国々に反撃するには、日本がまだ優位を保つモノづくりを担う人間が立ちあがるべきです。「モノづくりこそ　ニッポンの砦」なのです。

鈴置　「日本を侮辱する韓国に対し日本にしかない機械は売らないことにした」という話を私もあちこちで聞きました。面白いことに私が知る限り、いずれもオーナー会社です。

伊藤　実は、私も韓国とのお付き合いを断りました。永い間続けてきた韓国の大学での特別講義や、韓国の同業者との集まりでの講演はやめたのです。韓国の学生のインターンシップ受け入れも、韓国の同業者の工場見学もすべてお断りしています。

鈴置　伊藤社長は中国とは関係を持たないようにしてきましたが、同じ「反日国家」でも、韓国とは深い人間関係を築いてこられました。

30年近く前に伊藤製作所で半年間も修業し、韓国の製造業で活躍している韓国人に会ったことがあります。伊藤社長にとても感謝していました。伊藤さんは韓国の金型業界や様々な大学との交流にも尽くし、韓国人の間でも「歯に衣着せない、率直な日本人」と人気があったのに……。

伊藤　民間外交のつもりで長年、韓国にはそれなりに貢献してきたつもりです。その良い関係を断つことを決意したのは従軍慰安婦の像からです。韓国政府は、ソウルの日本大使館の前に作ることを認めました。そのうえ李明博大統領は「謝らなければもっとできるぞ」と日韓首脳会談の席上、日本を脅しました。

過去のように一部の反日分子の活動ではなく、大統領の言動です。次元が全く異なります。実際、その後、「慰安婦の像」を米国でも設置させるなど韓国は世界に宣伝を始めました。自民党の副総裁の高村正彦さんは「旧日本軍が直接強制連行した事実はない」と明らかにしています。また、高村さんが外相だった1998年に日韓共同宣言をまとめた際、当時の金大中大統領から「一度謝れば韓国は二度と従軍慰安婦のことを言わない」と言われ、「痛切な反省と心からのお詫び」を明記した、とも語っています。

日本人は、物事を丸く収めるために何でも謝ってしまう。これは海外では絶対にやってはいけないことです。当社の社員が海外に赴任する前にも、私はこの点を厳しく教えます。90%は相手に責任がある交通事故でも、うっかり謝れば、100%こちらが悪者にされてしまいます。これは海外での常識です。日本の常識は世界の非常識なのです。

「慰安婦の像がある限り、私は韓国との協力や交流はしない」と韓国の大学や金型関係者、教育機関などに一斉にメールを送りました。「あの親韓のイトウサンが?」と、大騒ぎしているようです。ところが、この最中に韓国の会社から「技術協力か合弁会社設立を検討してほしい」という連絡が来ました。

私は「反日国家の会社との協力はうまくいかないと思う」とお断りしました。鈴置さん、このような時にこういう申し入れをしてくる韓国人とは、どういう神経をしているのでしょうか。

鈴置　多くの韓国人、ことに戦争中のことを知らない世代は「慰安婦は強制連行だった」と教え込まれ、信じ込んでいますから、「慰安婦の像に怒るなんて、日本人は反省が足りない」と考えるでしょう。「日本人に対しては何をやっても大丈夫。報復してこないから」という空気もあります。さらに「日本叩きをする際には、中国がバックアップしてくれる」との自信も持ち始めました。

伊藤　韓国だって、このまま行けば中国に呑み込まれてしまいます。2008年に韓国の金型工業会で、「中国に併呑されないよう、日韓が技術面でも協力すべきだ」と訴えたのですが、反応が今一つでした。

「フィリピンバナナを食べて中国に対抗しよう」

鈴置　韓国人は中国に併呑される覚悟を固めたと思います。「中国が天下をとる。だったら、米国や日本とは距離を置き、昔のように中国の傘下に戻るのが得策だ」という判断からです。そんな時、日本と協力して中国に対抗するなんて中国に見なされたら大変です。伊藤さんの呼びかけは、韓国にとってさぞ、はた迷惑なものだったでしょう。

伊藤　今となっては、「強いものに従っておかないと国を失う」という韓国人の恐怖感が少しは分かります。ただ、韓国には期待していたのです。「反日国家だけれど中国とは異なる。誠心誠意、協力すれば、いつかはきっといい関係が築ける」と信じていました。

鈴置　伊藤社長もそうですが、関係改善を願って地道に韓国に協力していた日本人がいました。でも、李明博大統領の「日王への謝罪要求」や「竹島上陸」でついに、というべきか、彼らが一斉に韓国から離れました。

伊藤　私は今でも韓国が大好きです。親しい仲にも互いに礼儀を持って、手を取り合っていけるとまだ期待したいのですが……。

鈴置　伊藤さんの愛した韓国――米国との同盟を重視し、反日を看板に掲げるが、実態面では日本とはうまくやる韓国――ではなくなったと思います。

――韓国のビジネスマンは日本人に対して、「『日王への謝罪要求』などは、退任後の逮捕を避けるための李明博大統領のパフォーマンス。政権が代われば日韓関係はよくなる」と言っていました。

鈴置　それは言い訳に終わるでしょう。韓国の変化は「強大化する隣国の言うことを聞かざるを得ない」という地政学的な要因からきています。大統領が誰になろうと韓国は中国接近を続ける半面、米国とは疎遠になり、日本とは敵対していくことでしょう。

伊藤　中国側につくとしても、日本と敵対する必要もないでしょうに。

鈴置　そうしないと中国に睨まれるからです。中国は「日本か中国か」あるいは「米国か中国か」という踏み絵を韓国に突きつけ始めています。

伊藤 そうですか。やはり、日本はますます東南アジアとしっかり手を結ぶしかないのですね。今、知り合いに「フィリピンバナナを食べよう」と呼び掛けています。

フィリピンは中国の激しい威嚇にめげず、領海や領土を死守する姿勢を打ち出していま す。その報復に中国がフィリピンのバナナの輸入を事実上、止めているのです。

海軍力がないに等しいフィリピンが頑張っているのです。我々ができることはフィリピンを支援する意志をフィリピン人と世界の人々に示すことです。中国でボイコットされているフィリピンバナナを日本人が食べる運動を起こせば、最高のメッセージになります。

鈴置 2010年に菅直人内閣が「尖閣」で中国にひれ伏した。あれを見た韓国人は、「じゃあ、我が国も日本にもっと強く出て大丈夫」と思って「竹島上陸」や「慰安婦の像」、あるいは「日王への謝罪要求」など日本叩きに転じました。一方、中国との間に領土問題を抱える東南アジアの人々は「日本は頼りにならないな」とがっかりした。

伊藤 本当にそうなのです。絶対に安易に中国に妥協してはなりません。何度も申し上げたように、日本人へのさらなる暴行を誘発するし、東南アジアの人々の日本への敬意を裏切るからです。

プロフィール

伊藤　澄夫（いとう・すみお）

金型・プレス加工の伊藤製作所代表取締役社長。１９４２年、三重県四日市市生まれ。65年に立命館大学経営学部を卒業、同社に入社。86年に社長に就任、高度の金型技術とユニークな生産体制による高収益企業を作り上げた。96年にフィリピン、２０１３年にインドネシアに進出。中京大学大学大学院ＭＢＡコース、国立ソウル科学技術大学校金型設計科などで教鞭をとる。日本金型工業会の副会長や国際委員長などを歴任。著書に『モノづくりこそニッポンの砦　中小企業の体験的アジア戦略』がある。

エピローグ――結局は「中国とどう向き合うか」だ

結局は、中国とどう向き合うか、ということに尽きるのだろう。中国の顔色を窺いながら生きていくのか、それとも圧迫を受けながらも属国になるのを拒否するのか――。日本は今、この選択に直面する。

韓国は早々と、ためらいもなく前者を選んだ。今は北朝鮮という緩衝地帯を挟むが、もともとは中国と隣り合うという地理的要因。加えて、長い従属の歴史からだ。そんな隣国を蔑む必要はない。ただ、韓国がその立ち位置を大きく変えて中国に身を寄せていることを認識しておけばいい。

日本の中にも「日本は中国の属国になるしかない」あるいは「属国になればいい」と言う人がいる。私が初めて聞いたのは2000年、経済官庁の中堅官僚からだった。その後、中国の台頭という認識が広がるとともに、財界人や政治家の中にそう公言する人が出た。

私が危惧するのは、こうした人々の軽さである。中国の属国になるということがどんなことなのか、深く考えもせずに、ただ自らの世界に関する知見を誇りたいがためにそう言ってみせる――。中国の圧政に苦しむチベット人や、これから中国の頸木の下に戻ることを考えげんなりしている韓国人が聞いたら、超大国と地面で接したことのない島国の人間の浅はかさにさぞあきれるに違いない。

中国に対抗して生きるという後者の道もたやすいものではない。言うことを聞かない日本に対し、中国はあらゆる手を使って圧迫を加えてくるだろう。２０１２年の日本人への暴行や日本企業への焼き討ちなどほんの手始めに過ぎない。

対中強硬派の中にも危惧すべき人がいる。中国から少し圧迫を加えられると、米国を振り向き当然のように助けを期待する。だが、自ら守ろうとしない国を助ける国はない。自ら守ろうとしたとしても、米国は日本を助けないかもしれない。米国自身が比較優位を失い、アジアでの紛争に介入する力と意志を大きく減じているからだ。

韓国がいち早く中国の顔色を窺うようになったのは、２度も米国から見捨てられた歴史を持つからだ。今は突っ張っている日本が、韓国の後を追い中国に頭を下げるようになった時には大笑いしてやろう、といった空気が今の韓国にはある。

中国も少子高齢化でいずれ成長と軍拡が止まる、と期待する日本人もいる。格差拡大で中国共産党の支配が大揺れすると予測する向きもある。敵失に直ちに付け込む心構えは必要だ。しかし、それを待っているだけでは我が身を滅ぼす。

韓国人がモンゴル人や中国人の道案内をして攻めてきた元寇の時とも今は異なる。防壁としての海の威力は半減した。ミサイルや空母の時代である。それに世界の経済が連結する時代だ。中国はその経路を通じて日本に打撃を加えるであろう。

そうなれば、日本の中にも中国に屈しようとする者が出てこよう。もちろん、そうは言わない。きっとこんなふうに語りかける。「グローバル化の時代にナショナリズムを盛り上げても物ごとは解決しない」「中国と手を携えてこそ経済的苦境を脱出できる」――。

しかし、多くの日本人はリベラルを装った中国への屈従路線にはもう賛同しないだろう。中国に譲歩すればするほど中国は圧迫を加えてくるという経験を積んだからだ。そもそも、日本人は韓国人と異なって「中国の下で生きる」ことに慣れていないのだ。

これから日本人はもっとも不得手な時代を迎えるだろう。日本に必須なのは、中国とそのお先棒を担ぐ韓国からの挑発を淡々とはね返しながら、地力の涵養に努めること。そして、外政に知力を尽くすことだ。ただ、短気な日本人は、敵と平静に付き合うという宙ぶらりんの状態は苦手だ。外政だって米国の後ろを付いていくだけで、自分の頭で考え抜くなど、永いことしていなかったのだ。

高まる中国からの圧迫と韓国からの嘲りによって、日本人も自身の衰えと、国際社会の中で自分が置かれた位置に次第に気がついてきた。その新たな認識により、日本は生き残りをかけて国のかたちを大きく変えていくだろう。

2013年2月　　鈴置高史

著者略歴

鈴置 高史（すずおき・たかぶみ）

日本経済新聞社編集委員。

1954年、愛知県生まれ。早稲田大学政経学部卒。77年、日本経済新聞社に入社、産業部に配属。大阪経済部、東大阪分室を経てソウル特派員（87～92年）、香港特派員（99～03年と06～08年）。04年から05年まで経済解説部長。95～96年にハーバード大学日米関係プログラム研究員、06年にイースト・ウエスト・センター（ハワイ）ジェファーソン・プログラム・フェロー。

論文・著書は「From Flying Geese to Round Robin: The Emergence of Powerful Asian Companies and the Collapse of Japan's Keiretsu (Harvard University, 1996)」、「韓国経済何が問題か」（韓国生産性本部、92年、韓国語）、小説「朝鮮半島201Z年」（日本経済新聞出版社、2010年）。

「中国の工場現場を歩き中国経済のぼっ興を描いた」として02年度ボーン・上田記念国際記者賞を受賞。

中国に立ち向かう日本、つき従う韓国

発行日	2013年2月25日　第1版第1刷発行
著　者	鈴置 高史
発行者	高柳 正盛
発　行	日経BP社
発　売	日経BPマーケティング 〒108-8646 東京都港区白金 1-17-3 TEL 03-6811-8200（営業） http://business.nikkeibp.co.jp/
装丁デザイン	株式会社　坂川事務所
DTP	株式会社　エステム
印刷・製本	図書印刷株式会社

　ISBN978-4-8222-7414-6
Printed in Japan